Gröls Verlage

„Bücher sind wie Fallschirme. Sie nützen uns nichts, wenn wir sie nicht öffnen."

Gröls Verlag

Redaktionelle Hinweise und Impressum

Das vorliegende Werk wurde zugunsten der Authentizität sehr zurückhaltend bearbeitet. So wurden etwa ursprüngliche Rechtschreibfehler regelmäßig *nicht* behoben, denn kleine Unvollkommenheiten machen das Buch – wie im Übrigen den Menschen – erst authentisch. Mitunter wurden jedoch zum Beispiel Absätze behutsam neu getrennt, um den Lesefluss zu erleichtern.

Um die Texte zu rekonstruieren, werden antiquarische Bücher von Lesegeräten gescannt und dann durch eine Software lesbar gemacht. Der so entstandene Text wird von Menschen gegengelesen und korrigiert – hierbei treten auch Fehler auf. Wenn Sie ebenfalls antiquarische Texte einreichen möchten, finden Sie weitere Informationen auf www.groels.de

Viel Freude bei der Lektüre wünscht Ihnen das Team des Gröls-Verlags.

Adressen

Verleger: Hermann-Josef Gröls,

Im Borngrund 26, 61440 Oberursel

Externer Dienstleister für Distribution & Herstellung:

BoD, In de Tarpen 42, 22848 Norderstedt

Unsere „Edition | Werke der Weltliteratur“ hat den Anspruch, eine der größten und vollständigsten Sammlungen klassischer Literatur in deutscher Sprache zu werden. Nach und nach versammeln wir hier nicht nur die „üblichen Verdächtigen“ von Goethe bis Schiller, sondern auch Kleinode der vergangenen Jahrhunderte, die – zu Unrecht – drohen, in Vergessenheit zu geraten. Wir kultivieren und kuratieren damit einen der wertvollsten Bereiche der abendländischen Kultur. Kleine Auswahl:

Francis Bacon • Neues Organon • **Balzac** • Glanz und Elend der Kurtisanen • **Joachim H. Campe** • Robinson der Jüngere • **Dante Alighieri** • Die Göttliche Komödie • **Daniel Defoe** • Robinson Crusoe • **Charles Dickens** • Oliver Twist • **Denis Diderot** • Jacques der Fatalist • **Fjodor Dostojewski** • Schuld und Sühne • **Arthur Conan Doyle** • Der Hund von Baskerville • **Marie von Ebner-Eschenbach** • Das Gemeindekind • **Elisabeth von Österreich** • Das Poetische Tagebuch • **Friedrich Engels** • Die Lage der arbeitenden Klasse • **Ludwig Feuerbach** • Das Wesen des Christentums • **Johann G. Fichte** • Reden an die deutsche Nation • **Fitzgerald** • Zärtlich ist die Nacht • **Flaubert** • Madame Bovary • **Gorch Fock** • Seefahrt ist not! • **Theodor Fontane** • Effi Briest • **Robert Musil** • Über die Dummheit • **Edgar Wallace** • Der Frosch mit der Maske • **Jakob Wassermann** • Der Fall Maurizius • **Oscar Wilde** • Das Bildnis des Dorian Grey • **Émile Zola** • Germinal • **Stefan Zweig** • Schachnovelle • **Hugo von Hofmannsthal** • Der Tor und der Tod • **Anton Tschechow** • Ein Heiratsantrag • **Arthur Schnitzler** • Reigen • **Friedrich Schiller** • Kabale und Liebe • **Nicolo Machiavelli** • Der Fürst • **Gotthold E. Lessing** • Nathan der Weise • **Augustinus** • Die Bekenntnisse des heiligen Augustinus • **Marcus Aurelius** • Selbstbetrachtungen • **Charles Baudelaire** • Die Blumen des Bösen • **Harriett Stowe** • Onkel Toms Hütte • **Walter Benjamin** • Deutsche Menschen • **Hugo Bettauer** • Die Stadt ohne Juden • **Lewis Caroll** • *und viele mehr….*

Inhalt

Hugo Bettauer

Die Stadt ohne Juden

Ein Roman von Übermorgen

(1922)

Erster Teil

Das Antijudengesetz

Von der Universität bis zur Bellaria umlagerte das schöne, ruhige und vornehme Parlamentsgebäude eine einzige Menschenmauer. Ganz Wien schien sich an diesem Junitag um die zehnte Vormittagsstunde versammelt zu haben, um dort zu sein, wo sich ein historisches Ereignis von unabsehbarer Tragweite abspielen sollte. Bürger und Arbeiter, Damen und Frauen aus dem Volke, halbwüchsige Burschen und Greise, junge Mädchen, kleine Kinder, Kranke im Rollwagen, alles quoll durcheinander, schrie, politisierte und schwitzte. Und immer wieder fand sich ein Begeisterter, der plötzlich an den Kreis um ihn herum eine Ansprache hielt und immer wieder brauste der Ruf auf:

„Hinaus mit den Juden!“

Sonst pflegten bei ähnlichen Demonstrationen hier und dort Leute mit gebogener Nase oder besonders schwarzem Haar weidlich verprügelt zu werden; diesmal kam es zu keinem solchen Zwischenfall, denn Jüdisches war weit und breit nicht zu sehen, und zudem hatten die Kaffeehäuser und Bankgeschäfte am Franzens- und Schottenring, in weiser Erkenntnis aller Möglichkeiten, ihre Pforten geschlossen und die Rollbalken herabgezogen.

Plötzlich zerriß ein einziges Aufbrüllen die Luft.

„Hoch Doktor Karl Schwertfeger, hoch, hoch, hoch! Hoch der Befreier Österreichs!"

Ein offenes Auto fuhr langsam mitten durch die Menschenmassen hindurch, die zurückdrängten und Bahn machten. Im Auto saß ein großer älterer Herr, dessen mächtiger Schädel mit willkürlichen Büscheln weißer Haare bedeckt war.

Er nahm den grauen, weichen Schlapphut ab, nickte der jubelnden Menschenmenge zu und verzerrte das Gesicht zu einem Lächeln. Aber es war ein saures Lächeln, das von den zwei Falten, die von den Mundwinkeln abwärts liefen, gewissermaßen dementiert wurde. Und die tiefliegenden grauen Augen blickten eher finster als vergnügt drein.

Lachende Mädchen drängten sich vor, schwangen sich auf das Trittbrett, die eine warf dem Gefeierten Blumen zu, eine andere war noch dreister, schlang ihren Arm um seinen Hals und küßte den Dr. Schwertfeger auf die Wange. Als ob der Chauffeur ahnte, wie seinem Herrn bei solchen Gefühlsausbrüchen zumute wurde, ließ er das Auto vorwärts springen, so daß die Mädchen mit jähem Ruck nach rückwärts fielen. Sie taten sich dabei nicht wehe, denn die Menschenmauer fing sie auf.

Im Parlamentsgebäude herrschte nicht die laute Begeisterung der Straße, sondern fieberhafte Erregung, zu stark, um Ausdruck nach außen zu finden. Die Abgeordneten, die sich bis zum letzten Mann eingefunden hatten, die Minister, die Saaldiener gingen schweigend und unruhig umher, sogar die überfüllten Galerien verhielten sich lautlos.

In der Journalistenloge, in der es sonst am ungeniertesten zuzugehen pflegte, wurde nur im Flüsterton gesprochen. Und eine bemerkenswerte räumliche Spaltung hatte sich eingestellt. Die kompakte jüdische Majorität der Berichterstatter drängte ihre Stühle zusammen, die Referenten der christlichsozialen und deutschnationalen Blätter bildeten ihrerseits eine Gruppe. Sonst mischten sich die jüdischen und christlichen Journalisten fröhlich durcheinander, im Berufskreis war man nicht Parteigänger, sondern nur der Herr Kollege, und da die jüdischen

Journalisten gewöhnlich mehr Neuigkeiten wußten und sie besser verwerten konnten, standen die antisemitischen zu ihnen in einem starken Abhängigkeitsverhältnis. Heute aber flogen hämische Blicke von der christlichen Ecke in die jüdische, und als der kleine Karpeles von der „Weltpost", der eben erst eingetreten war, den Dr. Wiesel von der „Wehr" mit „Servus, Herr Kollege!" begrüßte, wandte ihm dieser ohne Erwiderung den Rücken.

Es drängten immer noch Journalisten herein, darunter Vertreter ausländischer Zeitungen, die heute in Wien angekommen waren.

„Nicht rühren kann man sich", brummte der Herglotz vom christlichen „Tag", worauf ihm ein Kollege mit kleinem, bärtigem Kopf und mächtigem Bierbauch erwiderte:

„Na, ein paar Tage noch und wir werden hier Platz genug haben!"

Hüsteln, Lächeln, Lachen auf der einen Seite, gegenseitige bedeutungsvolle Blicke auf der anderen.

Ein junger blonder Herr mit roten Backen machte nach links und rechts eine leichte Verbeugung.

„Holborn vom ›London Telegraph‹! Bin eben vor einer Stunde angekommen und kenne mich wahrhaftig nicht aus. Vorgestern kam ich aus Sidney nach halbjähriger Abwesenheit in London an, eine Stunde später saß ich wieder im Zug, um nach Wien zu fahren. Unser Managing-Editor, das Kamel, hat mir nichts gesagt, als: In Wien wird es jetzt lustig, da schmeißen sie die Juden hinaus! Fahren Sie hin und berichten Sie, daß das Kabel reißt! Also bitte, wäre sehr nett von Ihnen, wenn Sie mich rasch instruieren wollten."

Das alles war in so drolligem Englisch-Deutsch herausgekommen, daß sich die Spannung ein wenig löste. Minkus vom „Tagesboten" bemächtigte sich, heftig gestikulierend, des englischen Kollegen und begann mit den Worten:

„Also, ich werde Ihnen alles genau erklären –." Aber Dr. Wiesel ließ ihn nicht weitersprechen. „Sie verzeihen, aber diese Aufklärung wird besser von u n s ausgehen."

Tonfall drohend, das „uns" bedeutungsvoll unterstrichen. Und schon befand sich Holborn in der christlichen Ecke, wo Wiesel kurz und sachlich erklärte:

„Was geschehen soll, werden Sie sofort aus dem Munde unseres Bundeskanzlers Doktor Karl Schwertfeger erfahren, der das Gesetz zur Ausweisung aller Nichtarier aus Österreich eingehend begründen wird. Die Vorgeschichte ist, kurz gesagt, folgende: Nach der sogenannten Sanierung, die zwei Jahre andauerte, gerieten die Finanzen Österreichs wieder in Unordnung. Als die österreichische Krone auf den Wert eines zweihundertstel Centimes herabgesunken war, begann das Chaos einzutreten. Ein Ministerium nach dem anderen mußte gehen, es entstanden Unruhen, täglich kam es zu Plünderungen der Geschäfte, zu Pogromen, die Wut und Verzweiflung der Bevölkerung kannte keine Grenzen mehr und schließlich mußte zu Neuwahlen geschritten werden. Die Sozialdemokraten traten ohne neues Programm in den Wahlkampf, die Christlichsozialen hingegen scharten sich um ihren geistvollen Führer Doktor Karl Schwertfeger, dessen Losungswort lautete: Hinaus mit den Juden aus Österreich! Nun, vielleicht ist es Ihnen bekannt", – Holborn nickte, obwohl er keine Ahnung hatte – „daß die Wahlen den völligen Zusammenbruch der Sozialdemokraten, Kommunisten und Liberalen brachten. Selbst die Arbeitermassen wählten unter der Parole ›Hinaus mit den Juden!‹, und die sozialistische Partei, vordem relativ die stärkste, konnte knapp elf Mandate retten. Die Großdeutschen aber, die gut abschnitten, hatten sich ebenfalls auf das ›Hinaus mit den Juden!‹ eingestellt.

Nun, der Genialität des Doktor Schwertfeger, seiner unerschrockenen Energie, seiner kühnen Impetuosität und Beredsamkeit gelang es, dem Völkerbund, der vor die Alternative Anschluß Österreichs an Deutschland oder Gewährenlassen gestellt war, die Zustimmung zur großen Judenausweisung abzuringen. Und jetzt wird Schwertfeger selbst das Gesetz einbringen, das sicher angenommen werden wird. Sie sind also Zeuge eines historischen –."

„Pst!"-Rufe wurden laut. Wiesel konnte nicht weiterreden, denn der Präsident des Hauses, ein Tiroler mit rötlichem Vollbart, schwang die Glocke und erteilte dem Bundeskanzler das Wort.

Grabesstille, in der das Surren der Ventilatoren unheimlich klang. Das leiseste Räuspern, das Rascheln der Papiere in der Journalistenloge wurde gehört und empfunden.

Übergroß, trotz des vorgebeugten Schädels und gewölbten Rückens, stand der Bundeskanzler auf der Rednertribüne, die Hände, zu Fäusten geballt, stützten sich auf das Pult, unter den grauen, buschigen Brauen glitzerten die scharfen Augen über den Saal hinweg. So stand er bewegungslos, bis er plötzlich den Schädel ins Genick warf und mit seiner mächtigen Stimme, die sich in den turbulentesten Versammlungen immer hatte Gehör erzwingen können, begann:

„Verehrte Damen und Herren! Ich lege Ihnen jenes Gesetz und jene Änderungen unserer Bundesverfassung vor, die gemeinsam nichts weniger bezwecken, als die Ausweisung der nichtarischen, deutlicher gesagt, der jüdischen Bevölkerung aus Österreich. Bevor ich das tue, möchte ich aber einige rein persönliche Bemerkungen machen. Seit fünf Jahren bin ich der Führer der christlichsozialen Partei, seit einem Jahr durch den Willen der überwiegenden Mehrheit dieses Hauses Bundeskanzler. Und durch diese fünf Jahre hindurch haben mich die sogenannten liberalen Blätter wie die sozialdemokratischen, mit einem Wort alle von Juden geschriebenen Zeitungen, als eine Art Popanz dargestellt, als einen wütenden Judenfeind, als einen fanatischen Hasser des Judentums und der Juden. Nun, gerade heute, wo die Macht dieser Presse ihrem unwiderruflichen Ende entgegengeht, drängt es mich, zu erklären, daß das alles nicht so ist. Ja, ich habe den Mut, heute von dieser Tribüne aus zu sagen, daß ich viel eher Judenfreund als Judenfeind bin!"

Ein Murmeln und Surren ging durch den Saal, als flöge eine Schar Vögel aus dem Felde auf.

„Ja, meine Damen und Herren, ich bin ein Schätzer der Juden, ich habe, als ich noch nicht den heißen Boden der Politik betreten, jüdische Freunde gehabt, ich saß einst in den Hörsälen unserer Alma mater zu Füßen jüdischer Lehrer, die ich verehrte und noch immer verehre, ich bin jederzeit bereit, die autochthonen jüdischen Tugenden, ihre außerordentliche Intelligenz, ihr Streben nach aufwärts, ihren vorbildlichen Familiensinn, ihre Internationalität, ihre Fähigkeit, sich jedem Milieu anzupassen, anzuerkennen, ja zu bewundern!"

„Hört! Hört!"-Rufe wurden laut, sensationelle Spannung bemächtigte sich der Abgeordneten und des Auditoriums, und der englische Journalist Holborn, der nicht alles verstanden hatte, fragte interessiert den Dr. Wiesel, ob der Mann da unten der Vertreter der Judenschaft sei.

Der Kanzler fuhr fort.

„Trotzdem, ja gerade deshalb wuchs im Laufe der Jahre in mir immer mehr und stärker die Überzeugung, daß wir Nichtjuden nicht länger mit, unter und neben den Juden leben können, daß es entweder Biegen oder Brechen heißt, daß wir entweder uns, unsere christliche Art, unser Wesen und Sein oder aber die Juden aufgeben müssen. Verehrtes Haus! Die Sache ist einfach die, daß wir österreichische Arier den Juden nicht gewachsen sind, daß wir von einer kleinen Minderheit beherrscht, unterdrückt, vergewaltigt werden, weil eben diese Minderheit Eigenschaften besitzt, die uns fehlen! Die Romanen, die Angelsachsen, der Yankee, ja sogar der Norddeutsche wie der Schwabe – sie alle können die Juden verdauen, weil sie an Agilität, Zähigkeit, Geschäftssinn und Energie den Juden gleichen, oft sie sogar übertreffen. Wir aber können sie nicht verdauen, uns bleiben sie Fremdkörper, die unseren Leib überwuchern und uns schließlich versklaven. Unser Volk kommt zum überwiegenden Teil aus den Bergen, unser Volk ist ein naives, treuherziges Volk, verträumt, verspielt, unfruchtbaren Idealen nachhängend, der Musik und stiller Naturbetrachtung ergeben, fromm und bieder, gut und sinnig! Das sind schöne, wunderbare Eigenschaften, aus denen eine herrliche Kultur, eine wunderbare Lebensform sprießen kann, wenn man sie gewähren und sich entwickeln läßt. Aber die Juden unter uns duldeten diese stille

Entwicklung nicht. Mt ihrer unheimlichen Verstandesschärfe, ihrem von Tradition losgelösten Weltsinn, ihrer katzenartigen Geschmeidigkeit, ihrer blitzschnellen Auffassung, ihren durch jahrtausendelange Unterdrückung geschärften Fähigkeiten haben sie uns überwältigt, sind unsere Herren geworden, haben das ganze wirtschaftliche, geistige und kulturelle Leben unter ihre Macht bekommen."

Brausende „Bravo!"-Rufe. „Sehr richtig!" „So ist es!"

Dr. Schwertfeger führte mit der knochigen Rechten das Glas zu den dünnen Lippen und sein halb spöttischer, halb befriedigter Blick kreiste im Saal.

„Sehen wir dieses kleine Österreich von heute an. Wer hat die Presse und damit die öffentliche Meinung in der Hand? Der Jude! Wer hat seit dem unheilvollen Jahre 1914 Milliarden auf Milliarden gehäuft? Der Jude! Wer kontrolliert den ungeheuren Banknotenumlauf, sitzt an den leitenden Stellen in den Großbanken, wer steht an der Spitze fast sämtlicher Industrien? Der Jude! Wer besitzt unsere Theater? Der Jude! Wer schreibt die Stücke, die aufgeführt werden? Der Jude! Wer fährt im Automobil, wer praßt in den Nachtlokalen, wer füllt die Kaffeehäuser, wer die vornehmen Restaurants, wer behängt sich und seine Frau mit Juwelen und Perlen? Der Jude!

Verehrte Anwesende! Ich habe gesagt, daß ich den Juden, an sich und objektiv betrachtet, für ein wertvolles Individuum halte und ich bleibe dabei. Aber ist nicht auch der Rosenkäfer mit seinen schimmernden Flügeln ein an sich schönes, wertvolles Geschöpf und wird er von dem sorgsamen Gärtner nicht trotzdem vertilgt, weil ihm die Rose näher steht als der Käfer? Ist nicht der Tiger ein herrliches Tier, voll von Kraft, Mut und Intelligenz? Und wird er nicht doch gejagt und verfolgt, weil es der Kampf um das eigene Leben erfordert? Von diesem und nur von diesem Standpunkt kann bei uns die Judenfrage betrachtet werden. Entweder wir oder die Juden! Entweder wir, die wir neun Zehntel der Bevölkerung ausmachen, müssen zugrunde gehen oder die Juden müssen verschwinden! Und da wir jetzt endlich die Macht in den Händen haben, wären wir Toren, nein, Verbrecher an uns und unseren Kindern, wenn wir von dieser Macht nicht Gebrauch machen und die kleine Minderheit, die uns vernichtet, nicht vertreiben wollten. Hier handelt es sich nicht um Schlagworte und Phrasen, wie Menschlichkeit, Gerechtigkeit, Toleranz, sondern um unsere Existenz, unser Leben, das Leben der kommenden Generationen! Die letzten Jahre haben unser Elend vertausendfacht, wir stehen mitten im vollen Staatsbankerott, wir gehen der Auflösung entgegen, ein paar Jahre noch und unsere Nachbarn werden unter dem Vorwand, bei uns Ordnung schaffen zu müssen, über uns herfallen und unser kleines Land in Stücke zerreißen – unberührt von allen Geschehnissen aber werden die Juden blühen, gedeihen, die Situation beherrschen und, da sie ja nie Deutsche im Herzen und im Blut waren, unter den geänderten Verhältnissen Herren bleiben, wenn wir Sklaven sind!"

Das ganze Haus geriet jetzt in furchtbare Aufregung. Wilde Rufe wurden ausgestoßen. „Das darf nicht sein! Retten wir uns und unsere Kinder!" Und als Echo klang es von der Straße her aus zehntausend Kehlen. „Hinaus mit den Juden!"

Dr. Schwertfeger ließ die Erregung auslaufen, nahm von den Ministerkollegen Händedrücke entgegen und sprach dann über die Durchführung des Gesetzes. Gemäß den Forderungen der Menschlichkeit und den Bedingungen des Völkerbundes würde mit größter Milde und Gerechtigkeit vorgegangen werden. Jeder habe das Recht, sein Vermögen mitzunehmen, soweit es aus Bargeld und Wertpapieren oder Juwelen bestehe, Immobilien zu veräußern, sein Geschäft freihändig zu verkaufen. Unternehmungen, die nicht veräußerlich seien, würden vom Staat übernommen werden, und zwar derart, daß nach dem Steuerbekenntnis des letzten Jahres der Reinertrag fünfprozentig kapitalisiert werden würde. Hätte also zum Beispiel ein Unternehmen im vergangenen Jahr eine halbe Million Reinertrag aufgewiesen, so würde es mit zehn Millionen abgelöst werden. Ein boshaftes Lächeln kräuselte die Lippen des Kanzlers.

„Natürlich sind sowohl bei diesen Ablösungen als auch bei der Erlaubnis zur Mitnahme von Bargeld lediglich die Steuerbekenntnisse maßgebend. Hat sich jemand als Vermögensloser bekannt, so darf er kein Geld ausführen, besitzt er trotzdem Vermögen, so wird dieses natürlich konfisziert. Hat jemand den Reinertrag seines Geschäftes mit einer halben Million beziffert, so darf er zehn Millionen mitnehmen, auch wenn sich herausstellen sollte, daß sein wirkliches Einkommen zehnmal so groß war. Auf diese Art wird sich manche Sünde bitter rächen –", bemerkte der Redner unter schallender Heiterkeit der Anwesenden. Er fuhr dann fort: „Festbesoldete und geistige Arbeiter, die tatsächlich vermögenslos sind, wie zum Beispiel Ärzte, erhalten vom Staat den Betrag zur Fortreise, den sie als Jahreseinkommen versteuert hatten. Gab also ein Arzt sein Einkommen mit dreihunderttausend an, so erhält er diese Summe. Um jede anderweitige Steuerflucht zu verhüten, enthält das Gesetz die drakonische Bestimmung, daß der Versuch, größere als erlaubte Summen fortzuschleppen, mit dem Tode zu bestrafen sei. Ebenso ist die Todesstrafe über die Juden oder Judenstämmlinge verhängt, die den Versuch machen, sich auch weiterhin heimlich in Österreich aufzuhalten.

Das Gesetz soll in folgender Weise durchgeführt werden:

Nichtprotokollierte Kaufleute, Händler und sogenannte Agenten müssen innerhalb dreier Monate nach Annahme des Gesetzes die Grenzen verlassen, protokollierte Firmeninhaber, Angestellte, Beamte und manuelle Arbeiter innerhalb von vier Monaten, Künstler, Gelehrte, Ärzte, Rechtsanwälte und so weiter innerhalb von fünf Monaten. Direktoren von Aktienunternehmungen, Banken und Industrien, die im letzten Jahre ein Einkommen von mehr als zweihundert Millionen versteuert haben, ist eine Frist von einem halben Jahr gegeben.

Und nun komme ich zu einem wichtigen Punkt, dem ich die volle Aufmerksamkeit zu schenken bitte. Wie Sie wissen, bezieht sich das Ausweisungsgesetz nicht nur auf Juden und getaufte Juden, sondern auch auf Judenstämmlinge. Als Judenstämmling gelten die Kinder aus Mischehen. Hat also zum Beispiel eine Christin rein deutscharischer Abstammung einen Juden geheiratet, so trifft die Ausweisung ihn und die

Kinder aus dieser Ehe, während es der Frau unbenommen bleibt, in Österreich zu verweilen. Nach reiflicher Überlegung hat die Regierung beschlossen, die Kindeskinder aus Mischehen nicht mehr als Judenstämmlinge, sondern als Arier zu betrachten. Hat also ein Christ eine Jüdin geheiratet, so werden wohl die Kinder ausgewiesen, die Kindeskinder aber, vorausgesetzt, daß die Eltern sich nicht wieder mit Juden gemischt haben, können im Lande bleiben. Dies ist aber auch die absolut einzige Konzession, die das Gesetz macht. Andere Ausnahmen sind nicht zulässig. Von vielen Seiten wurde uns nahegelegt, gewisse Ausnahmen gelten zu lassen. So sollte das Gesetz Leute über ein gewisses Alter hinaus, Kranke, Schwächliche und solche Juden, die besondere Verdienste um den Staat haben, nicht treffen.

Meine Damen und Herren! Hätte ich diesen Ratgebern nachgegeben, so würde das ganze Gesetz zur Posse geworden sein. Das jüdische Geld, jüdischer Einfluß hätten Tag und Nacht gearbeitet, Zehntausende von Ausnahmsfällen würden konstruiert werden und in fünfzig Jahren wären wir genausoweit wie heute. Nein, es gibt keine Ausnahme, es gibt keine Protektion, es gibt kein Mitleid und kein Augenzudrücken! Für Hinfällige und Kranke wird die Regierung prachtvolle Spitalzüge zur Verfügung stellen, und nur solche Juden, die nach gerichtsärztlichem Gutachten absolut nicht transportfähig sind, werden hier ihre Genesung oder ihren Tod abwarten dürfen."

Dr. Schwertfeger verbeugte sich leicht und ließ sich schwerfällig auf seinem Sitz nieder. Die Wirkung seiner letzten Eröffnung war aber ganz eigenartig gewesen. Nur vereinzelte Bravo-Rufe waren laut geworden, eine gewisse Beklommenheit machte sich fast körperlich fühlbar, auf vielen Gesichtern malte sich deutlich Schrecken und Angst, auf der Galerie entstand Unruhe, eine Frau fiel mit dem Ruf. „Meine Kinder!" ohnmächtig zusammen, und als der Kanzler geendet, erdröhnte zwar starker Beifall, aber die kleine Gruppe der Sozialdemokraten schrie unisono „Unerhört! Pfui! Skandal!".

Und nun erteilte der Präsident mit dem roten Bart dem Finanzminister Professor Trumm das Wort. Trumm war klein, verhutzelt wie eine halbgedörrte Pflaume, er sprach im Diskant und mußte sich jedesmal unterbrechen, wenn seine Zunge zwischen dem Gaumen und dem oberen Rand des falschen Gebisses steckenblieb. Unter großer Spannung erörterte er die finanzielle Seite des Ausweisungsgesetzes. Natürlich würde die Ablösung der jüdischen Geschäfte und Immobilien nicht nur das christliche Privatkapital, sondern auch die Mittel des Staates stark in Anspruch nehmen. Tausende von Milliarden Kronen würden kaum ausreichen, und man dürfe sich nicht verhehlen, daß die Ausweisung der Juden zunächst allerlei finanzielle Schwierigkeiten im Gefolge haben werde.

„Aber, gottlob", der Finanzminister bekreuzigte sich – „wir werden in den kommenden schweren Tagen nicht allein stehen! Ich kann dem Hohen Hause die erfreuliche Mitteilung machen, daß sich das echte wahre Christentum der ganzen Welt gesammelt hat, um uns zu helfen. Nicht nur, daß die österreichische Regierung seit Monaten internationale Verhandlungen führt, auch der Piusverein hat in aller Stille eine mächtige Agitation entfaltet, die glänzende Früchte trägt. Der Verband des erwachten Christentums der skandinavischen Länder, dem viele große Bankiers und Kaufleute angehören, stellt uns einen gewaltigen Kredit in dänischer, schwedischer und norwegischer Valuta zur Verfügung, der amerikanische Industriekönig Jonathan Huxtable, einer der reichsten Männer der Welt und ein begeisterter Streiter in Christo, hat sich bereit erklärt, zwanzig Millionen Dollar in Österreich anzulegen, der französische Christenbund macht hundert Millionen Francs mobil – kurzum, es werden Milliarden Kronen ins Ausland wandern müssen und dafür Milliarden in Gold einströmen!"

Riesige Begeisterung im ganzen Hause. Einige Dutzend Abgeordnete verließen fluchtartig den Sitzungssaal und stürmten die Telephone, um ihren Banken Verkaufsorders für fremde Valuten zu geben. Die Hauszentrale konnte das stürmische Begehren nach Verbindungen mit „Karpeles & Co.", „Veilchenfeld & Sohn", „Rosenstrauch & Butterfaß", „Kohn, Cohn & Kohen" und wie alle die großen Bankhäuser hießen, kaum bewältigen. Während aber der Finanzminister, der eine volle Minute gebraucht hatte, um seine eingeklemmte Zunge zu befreien, fortfuhr, erzählte der Engländer Holborn in der Journalistenloge grinsend:

„Jonathan Huxtable ist ein frommer Kerl! Er spuckt Gift und Galle gegen die Juden, seitdem ihm seine Frau mit einem jüdischen Preisboxer durchgegangen ist. Er ist ein strenger Temperenzler, aber er besäuft sich jeden Tag mit Magentropfen, die er aus der Apotheke bezieht. Einmal hat man gesehen, wie er eine ganze Flasche Eau de Cologne auf einen Zug austrank. Und wenn er hier zwanzig Millionen investieren wird, will er sicher fünfzig daran verdienen."

Dr. Wiesel schnitt ein abweisendes Gesicht, während die jüdischen Journalisten sich rasch Notizen machten, um letzte Bosheiten zu publizieren.

Die Pro- und Kontra-Redner meldeten sich zu Wort. Die Sozialdemokraten sprachen gegen das Gesetz. Als aber ihr Führer Weitherz in ruhigen und sachlichen Worten seiner Entrüstung Ausdruck gab und den Gesetzentwurf als ein Dokument menschlicher Schmach bezeichnete, entstand ein furchtbarer Tumult, die Galerie warf mit Schlüsseln und Papierknäueln nach den Sozialdemokraten, es kam zu einer Prügelei, und die kleine Opposition verließ unter Protest den Saal. Der christlichsoziale Abgeordnete Pfarrer Zweibacher pries Dr. Schwertfeger als modernen Apostel, der würdig sei, dereinst heilig gesprochen zu werden, die großdeutschen Abgeordneten Wondratschek und Jiratschek aber beleuchteten das Gesetz lediglich vom Rassenstandpunkt, und Jiratschek, der stark mit böhmischen Akzent sprach, schluchzte vor Ergriffenheit und schloß mit den Worten:

„Wotan weilt unter uns!"

Als letzter Redner ergriff unter Hepp!-Hepp!-Rufen und höhnischem Aih-Wai!-Geschrei der einzige zionistische Abgeordnete, Ingenieur Minkus Wassertrilling, das Wort. Der schlanke, große und hübsche junge Mann wartete mit verschränkten Armen ab, bis Ruhe eintrat, dann sagte er:

„Verehrte Jünger jenes Juden, der sich, um die Menschheit zu erlösen, törichterweise ans Kreuz hatte schlagen lassen!"

Stürmische Unterbrechung: „Hinaus mit den Juden!"

„Jawohl, meine Herren, ich stimme mit Ihnen in den Ruf: ›Hinaus mit den Juden!‹ ein und werde mit freudigem Herzen dem Gesetz meine Stimme geben. Wir Zionisten begrüßen dieses Gesetz, das ganz unseren Zielen und Tendenzen entspricht. Von der halben Million Juden, die das Gesetz trifft, wird sich wohl die Hälfte unter dem zionistischen Banner vereinigen, die anderen werden, wie ich weiß, in Frankreich und England, in Italien und Amerika, in Spanien und den Balkanländern willig Aufnahme finden. Mir ist um das Schicksal meines Volkes nicht bange, zum Segen wird das werden, was hier gehässige Bosheit und Dummheit als Fluch gedacht hat."

Der Tumult, der sich erhob, verschlang die weiteren Worte und schließlich wurde auch der Zionist aus dem Saal gedrängt. So ergab denn die Abstimmung, die namentlich erfolgte, die einstimmige Annahme des Gesetzes, das noch am selben Tag durch den Ausschuß und die zweite und dritte Lesung gepeitscht wurde.

Als die Abgeordneten spät abends endlich das Haus verlassen konnten, sahen sie ein festlich beleuchtetes Wien. Von allen öffentlichen Gebäuden wehten die weiß-roten Fahnen, Feuerwerke wurden abgebrannt, bis lange nach Mitternacht dauerten die Umzüge der Menschenmassen, die immer vor das Kanzlerpalais marschierten, um Dr. Schwertfeger hoch leben zu lassen und als Befreier Österreichs zu preisen...

2. Kapitel
Herr Schneuzel und sein Schwiegersohn

Als der Nationalrat, Gemeinderat, Armenrat und Gewerberat Antonius Schneuzel am nächsten Vormittag – es war ein Sonntag – infolge der endlosen Siegesfeier arg verkatert am häuslichen Frühstückstisch erschien, fand er eine recht unbehagliche Stimmung vor. Seine Gattin hatte eine nadelspitze Nase, was auf Sturm deutete, seine Tochter, Frau Corroni, saß mit verquollenen Augen da, ihr Gatte, der Prokurist Alois Corroni, lächelte den Schwiegervater impertinent und verächtlich an, und die beiden Enkelkinder Lintschi und Hansl stießen ein furchtbares Geheul aus, als Herr Schneuzel seine kleinen Äuglein verwirrt und ängstlich um den Tisch kreisen ließ.

„Ja, was is denn da los?"

Frau Schneuzel stemmte die Arme in die Seite. „Was los is, du Fallot, du? Gar nichts is los, als daß du, alter Tepp, geholfen hast, deine Tochter und die Enkelkinder aus dem Land zu treiben!"

„Ja, wieso denn?" stammelte Herr Schneuzel. Aber schon dämmerte ihm grauenhafte Wahrheit. Richtig, er hatte im Laufe der Jahrzehnte total vergessen, daß sein Schwiegersohn, Herr Alois Corroni, in frühester Jugend Sami Cohn geheißen und erst stehend und aufrecht die Taufe empfangen. Also mußte er ja hinaus und mit ihm die beiden Kinder, die Judenstämmlinge waren!

„So eine Gemeinheit", schluchzte Frau Corroni in ihr Taschentuch hinein, „was soll ich jetzt mit den Kindern anfangen? Nach Zion auswandern vielleicht, du Rabenvater, du?"

„Jawohl, es ist ein starkes Stückchen", erklärte nun Herr Corroni mit scharfer Betonung jedes Wortes, „einen Mann wie ich, der behaupten darf, mindestens ein ebenso guter Christ zu sein als tausend andere, die den ganzen Tag im Wirtshaus herumsitzen, einen Mann wie ich, dessen Kinder im christlichen Glauben groß geworden sind, aus dem Lande zu jagen wie einen tollen Hund!"

Herr Schneuzel wollte eine Erwiderung machen und murmelte etwas von großer, heiliger Sache, Prinzipien, die auf Einzelfälle keine Rücksicht nehmen können. Aber schon saß die Hand der Gattin in seinen spärlichen Haaren und ließ nicht locker, bevor sie sich mit einem ganzen Büschel des immer rarer werdenden Gewächses zurückziehen konnte.

„Viecher seid's ihr alle zusammen! Gestohlen könnt's ihr mir werden mit eurem Christentum! Hat der Loisl unser Annerl nicht immer gut behandelt? Hat sie nicht einen Bisampelz von ihm bekommen, läßt er die Kinder nicht aufwachsen wie die Prinzen! Dem lieben Gott sollst du danken, daß sie einen Juden bekommen hat und nicht einen Kerl wie dich, einen Saufbruder und Skandalmacher!"

„I geh' net nach Zion", heulte Lintscherl, während Hans die Gelegenheit benützte, von Großvaters Teller weg den Sonntagsgugelhupf zu grapsen.

Im Moment höchster Aufregung kam die Köchin Pepi herein, räumte resolut den Tisch ab und erklärte seelenruhig:

„I geh'! I heirat' mein Isidor, der was Kommis im Konsumverein is, und wann er auswandern muß, wander' i mit ihm aus! Von mir aus können sich die Herrn Nationenräte mitsamt dem Kränzler alle zusammen aufhängen."

Nachdem sich die Aufregung gelegt, erörterte Herr Corroni sachlich die Situation.

„Ich denke natürlich gar nicht daran, nach Palästina auszuwandern, schon deshalb nicht, weil man mich als getauften Juden gar nicht hineinließe. Nein, ich habe einen Bruder in Hamburg, den Onkel Eduard, wie ihr wißt, und wenn er auch eben meiner Taufe halber bös mit mir ist, so wird er mich jetzt nicht im Stich lassen – Juden haben ja, gottlob, Familiensinn", – diese Worte begleitete ein stechender Blick gegen Schneuzel – „und ich werde eben dort für mich und meine Familie eine neue Zukunft aufbauen. Es sei denn, daß Annerl lieber bei euch bleiben will."

Worauf Frau Anna, müde und verblüht, wie man es nach fünfzehnjähriger Ehe zu sein pflegt, rosige Wangen bekam, ihre Arme zärtlich um den Hals des Alois Corroni, recte Sami Cohn, schlang, ihn küßte wie eine Braut ihren Bräutigam und wirklich wie ein junges Mädchen aussah. Und schließlich mußte sich Herr Schneuzel völlig verstört und verzweifelt verpflichten, dem Schwiegersohn so gewissermaßen als Fundament für die neue Zukunft eine Million mit nach Hamburg zu geben.

Nachmittags ging der National-, Gemeinde- und Armenrat Schneuzel allein zum Heurigen nach Sievering, fing dort mit einer Gesellschaft, die noch immer „Hinaus mit den Juden!" schrie, Streit an, zerbrach seine Flasche an dem Schädel des einen Schreiers und wurde furchtbar verprügelt.

3. Kapitel
Vor Torschluß

Gespräch in einer Fensternische des Café Wögerer, gegenüber der Börse, zwischen Herrn Strauß, Inhaber eines Bankhauses, und seinem Neffen, dem Mediziner Siegfried Steiner. Solche und ähnliche Gespräche fanden aber an allen Tischen statt, es wurde an diesem Tage nicht lärmend, sondern fast lautlos mit Zuhilfenahme der Hände geredet.

Der Neffe schüttelte dem Onkel die Hand.

„Lieber Onkel, ich danke dir dafür, daß du mich mit nach London nehmen wirst. Das ist ein großer Trost für mich, denn unter uns gesagt – Zion – ne, ist nichts für mich! Nur Juden, nicht auszudenken!"

Der Onkel lächelte behaglich. „Zion kann mir gestohlen werden. In London werde ich mich mit meinem alten Freunde Moe Seegward, der dort eine Wechselstube in bester Lage hat, assoziieren."

Siegfried Steiner beugte sich vor und flüsterte:

„Aber sag mir eines, Onkel, du hast doch sicher nicht der Steuerbehörde dein wirkliches Vermögen und Einkommen angegeben. Wie wirst du nun dein Geld herüberkriegen, da doch seit gestern Briefzensur eingeführt ist?"

Der Onkel ließ die Zigarrenasche auf seine Weste fallen.

„Chammer! Wozu hat man christliche Freunde? Ich war heute schon bei dem Fabrikanten Schuster, habe ihm unter uns gesagt, eine Milliarde in

Effekten und Bargeld gebracht und dafür von ihm eine Anweisung auf eine Londoner Bank bekommen. Natürlich tut es der Ganef nicht umsonst, sondern er verdient ordentlich dabei."

Der Neffe nickt befriedigt und an dreißig anderen Tischen endigten verschiedene Gespräche ebenfalls mit einem zufriedenen Nicken.

Ein alter Hebräer mit Kaftan und Lockerln kam herein und sagte von Tisch zu Tisch sein Sprüchlein auf. „Ein Almosen für einen alten Juden, der beim Pogrom in Lemberg um Hab und Gut gekommen ist."

Von einem Tisch wurde er angerufen: „Na, Alter, wohin werden Sie auswandern?"

Der Jude wackelte mit dem Kopf. „Herrleben, wenn ich aus dem brennenden Ghetto von Lernberg nach Wien gekommen bin, wer' ich auch aus Wien wieder irgendwohin kommen. Ob ich schnorr' in Wien oder in Berlin oder Paris, ist gleichgültig. Nur wer' ich dann nichts erzählen mehr vom Pogrom, sondern davon, daß man hat mich alten Juden ausgewiesen. Aber sagen Sie, Herrleben, glauben Sie, man soll noch kaufen vor Torschluß Julisüd oder is besser Siemens?"

4. Kapitel
Ein Schuß

In der Villa des Schriftstellers Herbert Villoner in Alt-Aussee war der Freundeskreis versammelt. Literaten von bekanntem Namen, Maler, Bildhauer, Musiker, Verleger. Sonst pflegten sie erst im Hochsommer die Sommerfrische aufzusuchen, diesmal hatten sie schon im Juni die Stadtflucht ergriffen, um von den politischen Schmutzwellen wenigstens nicht unmittelbar bespritzt zu werden.

Es war nach dem Abendessen, man saß in Korbstühlen auf der Terrasse, blickte auf den lieblichen See, in dem sich der Mond spiegelte, der Rauch der Zigaretten kräuselte in der unbeweglichen Luft empor, jeder war in seine Gedanken versunken. Villoner unterbrach das tiefe Schweigen.

„So ist denn kein Zweifel mehr, daß die meisten von uns zum letztenmal den Sommer in Aussee verbringen werden und daß wir wie vagabundierende Strolche den Staub von unseren Stiefeln werden schütteln und in die Fremde gehen müssen. Wie seltsam! Mein Vater, ein berühmter Kliniker, der nicht wenig zum Ruhm der Wiener medizinischen Schule beitrug, mein Großvater, schon ein erbangesessener Kaufmann vom Mariahilfer Grund und ich selbst. – Nun, man behauptet, daß ich in meinen Dramen und Romanen das Wiener Wesen tief erfaßt und wie kein anderer die Wiener Jugend, das süße Mädel erkannt und geschildert habe. Und nun ist das alles nichts gewesen, ich bin einfach ein fremder Jude, der hinaus muß, wie irgendein galizischer Flüchtling, den eine Spekulationswelle nach Wien verschlagen!"

„Immerhin", sagte der junge Lyriker Max Seider leise mit zitternder Stimme, „immerhin, Sie werden auch fern von der undankbaren Heimat sich wohl fühlen können. Berlin wird Sie mit offenen Armen aufnehmen, schon sind dort unter den Intellektuellen besondere Ehrungen für Sie geplant, und Sie sind so reif und stark, daß Sie mächtige Zweige werden treiben können, wo immer Sie sind. Aber was soll ich tun? Ich bin erst am Anfang, und ich kann nur leben und arbeiten, wenn ich durch das grüne Gelände des Wienerwaldes schlendere, wenn ich als Wegweiser die zierliche Silhouette des Kahlenberges vor mir sehe. Aus Ihnen strömt des Lebens Quelle in unerschöpflichem Maß, ich muß um jede Zeile, um jeden Vers mit mir ringen und kämpfen und das kann ich nur in Wien."

„Ach was", schrie der Komponist Wallner ergrimmt, „der Teufel soll dieses Wien mit seiner vertrottelten Bevölkerung holen! Ich geh' nach Süddeutschland, miete mir ein Häuschen im Schwarzwald und werde dort mit meiner Lene herrlich leben. Was, Schatz?"

Seine blonde junge Frau ließ es ruhig geschehen, daß der Gatte ihr Madonnenköpfchen an seine Schulter zog, aber ein boshaftes Lächeln huschte über den üppigen Mund und ihre Blicke kreuzten sich verständnisvoll mit denen des Schriftstellers Walter Haberer. Diesem schwellte Triumph die Brust. Er wußte, die Frau des Komponisten blieb hier, niemand konnte sie zwingen, mit ihrem Gatten ins Exil zu gehen, und verabredetermaßen würde sie endlich, wenn der Mann erst fort, sein werden. Sein würde aber nicht nur sie werden, sondern ganz Wien, ganz Österreich! Denn sie alle, hinter denen er zurückstehen mußte, sie alle, deren Theaterstücke aufgeführt wurden, während die seinen jahrelang in den Schubladen der Dramaturgen schliefen, sie alle, die gestern noch die großen Modeschriftsteller gewesen waren, sie alle, der Villoner und der Seider, der Hoff und der Thal, der Meier und der Marich, sie alle mußten fort und er blieb allein als Herrscher im Reiche der Musen!

Frau Lene nickte ihm lächelnd zu, während der Gatte ihr liebkosend die Wangen streichelte.

Donnernd und polternd lachte der große Schauspieler Armin Horch auf.

„Meine Herrschaften, nun muß es heraus! Auch ich werde Österreich verlassen müssen! Denn ich, den die ›Wehr‹ und andere Zeitungen immer als den Verkörperer des christlichen Schönheitsideales gepriesen haben, ich bin ein ganz gewöhnlicher Judenstämmling! Mein Vater stammte aus Brody und hieß nicht Horch, sondern Storch!"

Schallendes Gelächter ringsumher, Galgenhumor quoll auf, Scherze, die zur Situation paßten, wurden erzählt.

„Na und Sie, Herr Pinkus, wohin werden Sie Ihren Buchverlag transferieren?" fragte einer den dicken, kleinen Verleger mit den krummen Beinen und dem prononziert jüdischen Gesicht.

„Ich? Ich bleibe! Ich bin doch Urchrist!"

Und als alles lachte, sagte er behaglich schmunzelnd: „Spaß beiseite, ich bin ein waschechter Goi! Mein Großvater Amsel Pinkus war ein Tuchhändler in Frankfurt am Main und ein braver, frommer Jude. Als er sich aber in meine Großmutter, Christine Haberle, eine kleine Sängerin aus Stuttgart, verliebte, ließ er sich, da sie anders nicht die Seine werden wollte, taufen. Nun, mein Vater heiratete wieder eine Christin und so bin ich Christ in dritter Generation, also werde ich nicht ausgewiesen, obwohl ich in Art und Äußerem ganz entschieden ein Duplikat meines Großvaters bin."

„Es lebe der Urchrist Pinkus," rief der Hausherr belustigt und alle hoben lachend die Gläser. Da klang vom See her ein Knall wie ein Peitschenhieb. Und von seltsamer Ahnung ergriffen, rief Villoner: „Wo ist Seider?"

Aber schon brachten Leute die Leiche des jungen Lyrikers. Er hatte sich unten am See erschossen, um seine müde, empfindsame Seele nicht in der Fremde frieren lassen zu müssen.

5. Kapitel
Mädchen unter sich

Bei der Lona in der Gumpendorferstraße herrschte geradezu Panikstimmung. Acht junge Damen, eine schöner als die andere, waren schon versammelt und immer wieder mußte die dicke Wirtschafterin, Frau Kathi Schoberlechner, die Wohnungstür öffnen und ein Fräulein hereinlassen.

Im Salon roch es außerordentlich kräftig nach Houbigant, Ambre, Coty Rouge und Zigaretten, und es leuchtete und funkelte von hellblonden, rotblonden, schwefelgelben und schwarzen Haaren, Diamanten und Perlen. Alle waren in Spitzen und Seide gekleidet, nur die Lona trug einen duftigen Schlafrock, der vorn offen war, so daß ihr der schneeweiße Busen fast entquoll, und ihre nackten Füße steckten in roten Pantöffelchen.

Die schwarze Yvonne weinte zum Herzzerbrechen, die rote Margit aber schlug auf den Tisch und schrie erbost:

„Mir müssen demonschtrieren! Wann i so an Nationalpülcher derwisch, kratz' i eahm die scheangleten Augen aus!"

„A so a Gemeinheit! Was soll'n mir denn machen, wann s' die Juden hinausschmeißen?"

Yvonne weint noch heftiger. „Und grad jetzt, wo mir der Fredi Pollak a neuches Automobil bestellt hat."

„Mir gibt der Reizes, mit dem was ich seit zwei Wochen geh', zehn Millionerln im Monat! Möcht' wissen, ob die Herren Christen auch so splendid sein werd'n?"

„Ihr wißt ja eh, ich hab' den Zwitterbauch aus Mährisch-Ostrau, der mich ganz aushält und nur amal im Monat auf a Wochen nach Wien kummt!"

Eine üppige Juno mit gelben Haaren schlug die starken, aber schönen Beine übereinander, daß man die blauseidenen Strumpfhalter sah, leerte ein Gläschen Cointreau und sagte mit klingender Altstimme:

„Kinder, am meisten Erfahrung habe wohl ich im Leben! Und ich kann nur sagen, wenn die Juden verschwunden sind, müssen wir alle verhungern oder uns um Stellen als Klosettfrauen in Kaffeehäusern umsehen. Geldlassen tun nur die Juden, die anderen wollen alle viel Liebe und wenig Spesen! Zehn Jahre bin ich mit dem Baron Stummerl vom Auswärtigen Amt gegangen, und in diesen zehn Jahren hat er mir ein goldenes Armband, einen Pelzkragen und tausend Gulden geschenkt. Ein Glück, daß ich dabei noch den Herschmann von der Anglobank gehabt habe, sonst hätte ich am Ende noch arbeiten müssen. Seither flieg' ich nur auf die Israeliten!"

Claire spielte nervös mit dem goldenen, diamantbesetzten Kreuz, das sie an einer Platinkette trug. „Was wohl der Karl sagen wird, wenn ich vom Doktor Baruch nichts mehr bekomm'!"

Neue Klagen erhoben sich, Wehrufe wurden laut. Daran hatte man im Drange der Geschehnisse noch gar nicht gedacht! Was sollte mit den Freunden werden, die man liebte und aushielt, wenn die Freunde, die zahlten, nicht mehr waren?

Da führte die Frau Kathi einen dieser Freunde herein. Pepi war das Ideal eines feschen Kerls. Tiptop vom staubgrauen Samthut über die gestrickte

Krawatte hinweg bis zu den gelben Halbschuhen, über denen man sanft getönte, blaue Seidenstrümpfe sah.

Schluchzend warf sich die reizende schwarze Yvonne in die Arme ihres Herzensfreundes. Alle begrüßten ihn stürmisch, ein Hagel von Rufen und Fragen ergoß sich über ihn. Pepi ließ sich ruhig in einen Fauteuil fallen, zog Yvonne auf seine Knie, zwickte die neben ihm sitzende Lona in die nackten Waden und sagte, nachdem er sich eine Zigarette hatte in den Mund stecken lassen:

„Kinder, da kann man halt nichts machen, als auch auswandern!“

„Ja, woher wirst an' Auslandspaß kriegen und wer laßt dich denn hinein?“, entgegnete die kluge goldblonde Carola.

„Sehr einfach“, lachte Pepi. „Morgen geh' ich aufs Rathaus, werde konfessionslos, übermorgen geh' ich zur israelitischen Kultusgemeinde, erkläre mich solidarisch mit dem mißhandelten Judentum und werde Israelit. Hoffentlich ohne Operation. Dann heiraten wir, bekommen unser Ablösegeld vom Staat und können nach den Bestimmungen des Völkerbundes uns anderswo ansiedeln. Wir gehen nach Paris oder nach Brüssel oder sonst wohin, wo was los ist.“

Yvonne lachte unter Tränen. „Geh', was soll ich denn in Paris als verheiratete Frau machen?“

„Tschapperl! Braucht ja niemand zu erfahren, daß wir verheiratet sind! Nimmst dir eine Wohnung, suchst einen Freund, der dich ordentlich aushält und ich bin so wie jetzt fürs Herz da!“

In den nächsten Tagen wußten die liberalen Blätter zu berichten, daß Hunderte von wackeren christlichen Jünglingen, empört über das den Juden angetane Unrecht, demonstrativ ihren Übertritt zum Judentum beschlossen hätten, um das Schicksal dieses schwer geprüften Volkes zu teilen.

6. Kapitel
Doktor Schwertfeger

Der Bundeskanzler, der auch Minister für auswärtige Angelegenheiten war und seine Wohnung im Auswärtigen Amte hatte, stand an einem milden Septembertag an der offenen Balkontüre und sah über die Straße hinweg auf das Getriebe des Volksgartens. Aber dieses Treiben schien ihm weniger lebhaft zu sein als in den vergangenen Jahren, die weißlackierten Kinderwägelchen rollten nur vereinzelt durch die Alleen, die Sesselreihen und Bänke waren trotz des warmen Wetters nur spärlich besetzt.

Es klopfte, der Kanzler rief scharf: „Herein!“ und stand nun seinem Präsidialchef, dem Doktor Fronz, gegenüber.

Schwertfeger war Ende Juni, kurz nach der Annahme des Ausweisungsgesetzes, nach Tirol gefahren, um seine unter der Last der Verantwortung und Arbeit fast zusammengebrochenen Nerven zu erholen. In einem Dorf am Arlberg blieb er mehr als zwei Monate inkognito, niemand außer seinem Präsidialchef kannte seinen Aufenthalt, er ließ sich weder Briefe noch Akten nachschicken, kümmerte sich nicht um die Zeitereignisse, und nur von ganz eminent wichtigen Vorfällen durfte ihm Fronz schriftlich Mitteilung machen. Tatsächlich war ja für alles vorgesorgt, der Wiener Polizeipräsident wie die Bezirkshauptleute hatten ihre genauen Instruktionen, das Parlament war bis zum Herbst vertagt, also fühlte sich Dr. Schwertfeger entbehrlich, ja er hielt es für seine Pflicht, neue Kräfte zu sammeln, um der kommenden Arbeit frisch und stark gegenübertreten zu können. Heute vormittag war er nach Wien zurückgekehrt und nun mußte ihm Fronz gründlich referieren. Nachdem verschiedene Personalangelegenheiten erledigt waren, ließ sich Schwertfeger schwer und wuchtig vor seinem Schreibtisch nieder, nahm Papier und Feder, um sich stenographische Notizen zu machen und sagte äußerlich ruhig und kalt, während vor Spannung jeder Nerv in ihm vibrierte:

„Nun, lieber Freund, berichten Sie mir über den bisherigen Vollzug des neuen Gesetzes und seine sichtbaren Folgen. Wie ist unsere Finanzlage? Sie wissen, ich bin völlig unorientiert."

Dr. Fronz räusperte sich und begann:

„Finanztechnisch verläuft nicht alles so glatt, wie wir hofften. Zuerst stieg unsere Krone in Zürich sprunghaft bis auf ein Hundertstel Centime, dann traten leise, wenn auch unbedeutende Schwankungen ein, seit Ende Juli rührt sich trotz des starken Goldzustromes aus den Tresoren der großen christlichen Vereine und des Bankiers Huxtable unsere Krone nicht, sie beharrt auf ihrem Julikurs. Merkwürdigerweise erfüllen sich vorläufig unsere Hoffnungen auf enorme Geldabgaben seitens der Ausgewiesenen nicht. Es fließen den Steuerämtern weder große Beträge in Kronen noch in fremden Währungen zu. Es scheint, daß sich unter unseren christlichen Mitbürgern Tausende von Parasiten befinden, die in gewissenloser Weise die überschüssigen, der Besteuerung hinterzogenen Vermögen der Juden an sich nehmen und den Juden dafür Abstandsummen in Gestalt von Anweisungen an ausländische Banken geben."

„Das war nicht anders zu erwarten", sagte der Kanzler, während ein verächtliches Lächeln um seine zusammengekniffenen Lippen spielte.

„Ob Jud' oder Christ – habgierig und selbstsüchtig sind sie alle!"

Das dürften die Judenblätter nicht erfahren, dachte Fronz und fuhr fort:

„Wie ich aus dem sehr pessimistischen Referat des Finanzministers Professor Trumm folgern darf, wird uns die Ausweisung der Juden mit ungeheuren Schulden, in Gold rückzahlbar, belasten, unseren Banknotenumlauf aber in keiner nennenswerten Weise vermindern."

„Geht die Liquidierung und Übergabe der Finanzinstitute, Banken und Aktiengesellschaften glatt vor sich?"

„In dieser Beziehung ist alles in vollem Gange, aber leider zeigt es sich, daß unsere einheimischen Kapitalisten entweder nicht willens oder nicht in der Lage sind, die großen Unternehmungen an sich zu reißen, so daß überwiegend Ausländer als Übernehmer in Betracht kommen. Die Länderbank, die Kreditanstalt, die Anglobank, die Escompte-Gesellschaft und andere Großbanken gehören bereits Italienern, Engländern, Franzosen, Tschechoslowaken und so weiter, desgleichen unsere großen Industrieunternehmungen. Eben hat ein holländisches Konsortium die Simmeringer Lokomotivfabrik übernommen. Wir passen natürlich höllisch auf, daß sich auf solchem Umweg nicht ausländische Juden hier einnisten, und jeder Kaufvertrag weist nachdrücklich auf die Klausel hin, wonach auch ausländische Juden keinerlei Aufenthaltsrecht in Österreich genießen, weder dauerndes noch vorübergehendes. Daß die Aktionäre und Direktoren der fremden Gesellschaften, die hier aufkaufen, zum Teile Juden sind, läßt sich aber nicht vermeiden."

Der Kanzler stützte die mächtige, gewölbte Stirne in die knochige Hand, wischte dann peinliche Gedanken mit einer Handbewegung fort und sagte gleichmütig:

„Übergangserscheinungen, denen späterhin abzuhelfen sein wird! Wie vollzieht sich die Ausweisung?"

„Genau nach den Durchführungsbestimmungen des Gesetzes! Sowohl die Polizei als auch das Verkehrsamt arbeiten vortrefflich, täglich verlassen ungefähr zehn Züge mit Ausgewiesenen Österreich nach allen Richtungen und bis heute haben etwa vierhunderttausend Juden das Land verlassen."

Schwertfeger blickte überrascht auf „Wie ist das möglich? Wir haben an ungefähr eine halbe Million Auszuweisender gedacht! Also wären jetzt, nach einem Drittel der präliminierten Zeit, vier Fünftel erledigt?"

Dr. Fronz lächelte dünn. „Wir haben eben die große Zahl der Konvertiten und Judenstämmlinge unterschätzt! Heute hat die Staatspolizei mehr Überblick und sie rechnet nun nicht mehr mit einer halben Million, sondern mit achthunderttausend, vielleicht sogar mit einer Million Menschen, die unter das Gesetz fallen! Bei dieser Gelegenheit möchte ich bemerken, daß sich gewisse devastierende, oft sehr peinliche oder auch nur groteske Folgen der Ausweisung zeigen.

Zehn christlichsoziale Nationalräte müssen als Judenstämmlinge landesverwiesen werden, beinahe ein Drittel der christlichen Journalisten wird entweder direkt oder in seinen Familienmitgliedern betroffen, es stellt sich heraus, daß unsere besten christlichen Bürger vom Judentum durchtränkt sind, uralte Familien werden auseinandergerissen, ja es hat sich etwas ereignet, was schallendes Gelächter nicht nur in den Judenblättern, die ja noch bis zum letzten Augenblick hetzen werden, erregt, sondern auch in der Presse des Auslandes. Eine Schwester des Fürsterzbischofs von Österreich, Kardinal Rößl, ist mit einem Juden verheiratet, sein Bruder aber mit einer Jüdin, so daß seine Eminenz durch das Gesetz sämtlicher Neffen, Nichten und Geschwister beraubt wird. Vielleicht wird es sich doch empfehlen, unter solchen Umständen der Nationalversammlung ein Amendement zu dem Gesetz zu unterbreiten, durch das die Ausweisung von Judenstämmlingen unter gewissen Umständen unterbleiben darf – –."

Der Bundeskanzler sprang in die Höhe und schlug mit der geballten Faust auf den Schreibtisch, daß die Tinte hochspritzte.

„Nie und nimmer, wenigstens nicht, solang ich im Amte bin! Eine solche Ausnahmsbestimmung würde das ganze Gesetz zum Weltwitz machen, wir wären bis auf die Knochen blamiert, das internationale Judentum würde triumphieren wie noch nie in seiner Geschichte, der Korruption, der Bestechlichkeit wäre Tür und Tor geöffnet! Sie kennen ja die gewissen Herren Hof- und Sektions- und Regierungsräte mit den offenen Händen und leeren Taschen! Nein, es darf keine Ausnahmen geben, das Leid und der Kummer einzelner Familien darf an den Grundmauern des Gesetzes nicht rütteln! Im Namen der Habsburger wurde ein Krieg geführt, der einer Million Männer das Leben gekostet hat und man hat nicht zu mucksen gewagt! Was ist im Vergleich dazu die Tatsache, daß ein paar tausend oder vielleicht hunderttausend Menschen Unbequemlichkeit und Ärger verursacht wird? Ich bitte Sie, in diesem Sinne die christlichen Blätter zu instruieren. Besser noch, wenn die politische Korrespondenz sofort eine diesbezügliche Enunziation der Regierung den Blättern zugehen läßt. Und Sie bitte ich dringend, sich nicht mehr zum Sprachrohr solcher Einflüsterungen machen zu lassen!“

Dr. Fronz verbeugte sich erblassend.

„Dann ist es ja auch überflüssig, wenn ich Euer Exzellenz von furchtbaren Jammerszenen berichte, die sich täglich bei der Abfahrt der Evakuierungszüge beobachten lassen und die oft solche Dimensionen annehmen, daß selbst der Straßenpöbel, der sich zur Abfahrt der Züge mit der Absicht einzufinden pflegt, die Ausgewiesenen zu beschimpfen, ergriffen schweigt und Tränen vergießt – –.“

„Solche Szenen waren vorhergesehen und sind unvermeidlich! Instruieren Sie sofort die Polizei dahin, daß die Bahnhöfe abgesperrt werden, die Abfahrt der Züge tunlichst nur zur Nachtzeit erfolgt und nicht von den Hauptbahnhöfen, sondern von den außerhalb der Stadt gelegenen Rangierbahnhöfen. Und nun nur noch eine Frage: Wie nimmt die Bevölkerung im allgemeinen die Durchführung des Gesetzes auf?“

„Mit größter Begeisterung natürlich! Die Polizei läßt hundert geschickte Agenten sich anonym in die Volksmengen mischen und Beobachtungen sammeln. Nun, die Berichte gehen übereinstimmend dahin, daß die christliche Bevölkerung sich geradezu in einem Freudentaumel befindet, eine baldige Sanierung der Verhältnisse, Verbilligung der Lebensmittel und gleichmäßigere Verbreitung des Wohlstandes erwartet. Auch innerhalb der noch sozialdemokratisch organisierten Arbeiterschaft ist die Befriedigung über den Fortzug der Juden groß. Aber andererseits läßt sich nicht verhehlen, daß die Bevölkerung erregt und unsicher ist. Niemand weiß, was die Zukunft bringen wird, die Massen leben in den Tag hinein, eine ganz staunenswerte Verschwendungssucht in den unteren Klassen macht sich bemerkbar und die Zahl der Trunkenheitsexzesse mehrt sich von Tag zu Tag.

Zur Gehobenheit der Stimmung trägt aber sehr wesentlich der Umstand bei, daß die Wohnungsnot mit einem Schlage aufgehört hat. Allein in Wien sind seit Beginn des Monates Juli vierzigtausend Wohnungen, die bisher Juden innehatten, frei geworden. Eine direkte Folge davon ist, daß eine wahre Hochflut von Trauungen eingesetzt hat und die Priester zehn und zwanzig Paare gleichzeitig einsegnen müssen."

Schwertfeger, der Junggeselle geblieben war, nickte befriedigt lächelnd. „Damit wären wir also für heute fertig. Ich bin nun halbwegs im Bilde und werde jetzt die Referate der einzelnen Bundesministerien durchstudieren."

Ein Kopfnicken und der Präsidialchef war entlassen. Fronz blieb aber noch stehen und lenkte die Aufmerksamkeit des Kanzlers, der schon ein Aktenfaszikel aufgeschlagen hatte, durch diskretes Räuspern auf sich.

„Ich möchte Exzellenz noch darauf aufmerksam machen, daß der Wiener Gemeinderat mit großer Stimmenmehrheit beschlossen hat, den Schottenring in Doktor-Karl-Schwertfeger-Ring umzutaufen und daß seitens dreihundert österreichischer Gemeinden ähnliche Umtaufungen von Plätzen und Straßen beschlossen wurden. In Innsbruck hat sich sogar ein Denkmalkomitee gebildet, das Eurer Exzellenz im nächsten Jahr schon ein Denkmal aus Laaser Marmor errichten will."

Der Kanzler stand auf, ging zum Balkon, sah wieder auf den Volksgarten hinab, schritt mit wuchtigen Tritten schwer und plump zweimal durch den großen Raum und sagte dann:

„Inhibieren Sie alle solche Ehrungen! Sie sollen verschoben werden bis zum zehnjährigen Jubiläum der Befreiung Wiens von den Juden!"

7. Kapitel
Ein Wiener Bürgerhaus

Weihnachtsabend im Hause des Hofrates Franz Spineder. Weit draußen in Grinzing, außerhalb der Endstation der Straßenbahn, lag das kleine, gelbe Backsteinhäuschen, das der Hofrat noch von seinem Großvater ererbt hatte. Von außen sah das einstöckige Haus mit dem großen grün gestrichenen Holztor und den grünen Jalousien fast primitiv aus, aber wenn man das Tor öffnete und in den Hof mit dem altertümlichen

Ziehbrunnen trat, blieb man überrascht und entzückt stehen. Der Hof ging in einen sanft ansteigenden Garten über, der schier endlos war. Im Sommer leuchteten die Levkojen, Tulpen, Rosen und Nelken in südlicher Pracht, hinter dem Ziergarten kamen Hunderte von Bäumen, die unter der Last der Äpfel, Birnen, Aprikosen, Pflaumen und Kirschen sich tief zur Erde beugten, und wenn man auch die Obstbäume hinter sich hatte, so war man noch immer nicht am Ende des Gartens, sondern ging steil durch einen Weinberg, um endlich ganz oben auf ein altwienerisches Lusthäuschen mit bunten Scheiben zu stoßen.

Köstlich wie der unvermutete Garten war auch die Einrichtung der Wohnzimmer. Uralte, behagliche, steife und graziöse Möbel aus der Barock-, Kongreß- und Biedermeierzeit, kostbare Stiche und Bilder an den Wänden, zwei echte Waldmüller, ein Schwind im Salon, bunte, schöne Gläser, Altwiener Porzellan, funkelndes Silbergerät in den Vitrinen und Kredenzen, und man brauchte nur die Augen zu schließen, um die Männer und Frauen im Kostüm der Maria Theresianischen Zeit und Biedermeierrock vor sich zu sehen.

Franz Spineder war Beamter, wie es sein Vater und sein Großvater gewesen, aber er war auf den Gehalt eines Hofrates im Unterrichtsministerium nicht angewiesen, sondern recht vermögend, und schon das Haus mit dem riesigen Garten und der kostbaren Einrichtung repräsentierte heute einen nach vielen Millionen zählenden Wert. Außerdem aber war seine Frau eine geborene Halbhuber, deren Urgroßväter schon als Gerber und Lederfabrikanten soliden Reichtum erworben hatten. Und da das Ehepaar Spineder nur mehr ein Kind, die jetzt knapp achtzehnjährige Lotte, besaß, so konnte es inmitten der Wirrnisse einer zerrissenen Zeit und aller Teuerung zum Trotz sein behagliches Leben führen.

Schweigend schmückten Lotte und Frau Spineder den Weihnachtsbaum, befestigten an den duftenden Zweigen die Schokoladekringeln, Bonbons, Glaskugeln und Kerzen. Frau Spineder, noch immer eine hübsche, runde Frau, sah die blonde, schlanke, auffallend schöne und liebreizende Tochter von der Seite an.

„Lotte, nun hast du schon wieder Tränen in den Augen! Bedenk' doch, daß Papa heute wenigstens fröhliche Gesichter sehen will und mach' dem armen Leo das Herz nicht noch schwerer."

Lotte ließ einen kleinen Rauchfangkehrer aus Schokolade fallen, daß sein Kopf fortrollte, schlug die Hände vor das Gesicht, lehnte sich an die Schulter der Mutter und begann bitterlich zu schluchzen.

„Mutter, mir bricht das Herz! Du wirst sehen, ich werde es nicht überleben, daß Leo in die Fremde fort muß! Mutter, laßt mich doch mit ihm ziehen!"

Frau Spineder, der selbst das Wasser in den Augen stand, streichelte zärtlich das weiche, wie Gold leuchtende Haar der Tochter.

„Lotte, es geht nicht! Bedenk' doch, Papa ist sechzig und er hat, seit uns der unselige Krieg den Sohn genommen, niemanden als dich. Du kannst es ihm nicht zumuten, daß er dich in die ungewisse Zukunft ziehen läßt, so gern er ja auch den Leo hat. Schau nur, Leo wird nach Paris ziehen; bei der Entwertung der Krone könnten wir euch unmöglich mit Francs unterstützen und ihr würdet vielleicht ins Elend kommen, ohne daß Papa helfen kann. Leo wird sich allein schon durchschlagen und ihr seid ja noch beide so jung, daß ihr auf andere, bessere Zeiten warten könnt. Still jetzt, der Vater kommt! Und es klingelt, der Leo wird auch schon da sein."

Herr Spineder, der jetzt eintrat, um die Kerzen anzuzünden, war der Typus des alten österreichischen Hofrates in seiner besten Art. Musik liebend und ausübend, voll innerlicher Kultur, gepflegt von außen und innen, ein Schönheitssucher, Lebensfreund und Lebensbejaher, rechtlich, gewissenhaft, tolerant und dabei doch ein wenig beschränkt, bedächtig und zögernd. Er trug auch jetzt noch den veralteten Kaiserbart, weil er es unter seiner Würde hielt, dem Umschwung der Verhältnisse an seiner Person Konzessionen zu machen, er war Demokrat durch und durch, ein treuer Diener der Republik, aber das schöne Kaiserbild von Angeli hing noch immer über seinem Schreibtisch. Wie er jetzt eintrat, war der alte Herr mit den schlohweißen Haaren und den milden graublauen Augen der echte Altösterreicher, den man bald nur mehr aus Büchern kennen wird.

„Leo ist draußen und kratzt sich den Schnee von den Sohlen ab", sagte Hofrat Spineder, während er die Kerzen bedächtig anzündete. „Geht hinaus zu ihm, ich werde die Bescherung machen und klingeln, wenn es so weit ist."

Frau Spineder sah noch rasch in die Küche nach dem Karpfen, der Sachertorte und den Krapfen; Lotte hing aber schon am Halse Leos und schluchzte wortlos an seiner Brust.

Leo Strakosch, schlank, dunkelhaarig, glattrasiert, mit lebhaften braunen Augen, aus denen Klugheit und Humor blitzten, war um zehn Jahre älter als Lotte. Im letzten Kriegsjahre war er als Einjähriger eingerückt und im Felde hatte er den gleichaltrigen Rudolf Spineder, den Sohn des Hofrates, kennen und als Freund lieben und schätzen gelernt. In der letzten Piaveschlacht hatte Rudolf einen Kopfschuß bekommen und in den Armen des Freundes seine junge Seele ausgehaucht, nachdem er ihn gebeten, die Eltern und das Schwesterchen zu grüßen. So war Leo in das Haus des Hofrates gekommen, der arme Sohn eines kleinen Agenten fühlte sich in dem vornehm-bürgerlichen Milieu unendlich wohl, und als Lotte aus einem Kinde ein blühendes, schönes Mädchen wurde, stand es in ihm fest: Diese oder keine! Lotte erwiderte die Liebe des lebhaften, geistvollen, begabten jungen Mannes von ganzem Herzen.

Hofrat Spineder sah die Entwicklung dieser Liebe und hatte nichts einzuwenden. Leo Strakosch war Radierer, in jungen Jahren schon ganz außerordentlich erfolgreich, man begann sich um seine Zeichnungen zu reißen, eine vor einem Jahr erschienene Leo-Strakosch-Mappe erregte Aufsehen auch im Ausland, und der Hofrat wie seine Frau sagten sich mit Recht, daß sie ihr Kind in keine besseren Hände würden geben können als in die Leos, den sie nach und nach liebten wie ihren eigenen Sohn. Daß Leo Jude war, focht den Hofrat nicht im mindesten an. In seinem Hause verkehrten viele Musiker, Literaten, Maler, die Mehrzahl von ihnen waren

Juden, und der verstorbene Rechtsanwalt Viktor Rosen war sogar der intimste Freund Spineders gewesen.

Als vor Jahresfrist zuerst in politischen Kreisen von dem Plan des Führers der Christlichsozialen, ein Antijudengesetz durchzubringen, geraunt wurde, hatte Hofrat Spineder daran nicht glauben wollen und können. Und als er daran glauben mußte, war seine Empörung maßlos gewesen. Und noch größer sein Schmerz über den Schicksalsschlag, den die bevorstehende Ausweisung Leos für seine Tochter bedeutete. Den Gedanken aber, seine Lotte mit Leo ins Exil ziehen zu lassen, wies er weit von sich, die Liebe zu seinem einzigen Kinde und der Egoismus des Alternden vereinigten sich hier und machte ihn absolut unerbittlich.

Die Bescherung war sehr reichlich ausgefallen, Lotte von den Eltern freigebig bedacht worden, aber sie schenkte dem Pelzkragen, den Seidenstrümpfen, den Büchern und Noten kaum einen Blick, sondern preßte immer wieder das kleine Bild Leos, das er ihr in einem goldenen Medaillon geschenkt, an die zuckenden Lippen. Man saß nun beim festlich geschmückten Tisch, aber es herrschte eher Trauer als Feststimmung und vergeblich versuchte der Hofrat ein leichtes Gespräch zu entwickeln. Als dann der selbstgekelterte goldgelbe Wein kredenzt wurde, erhob Hofrat Spineder sein Glas und sagte mit bewegter Stimme:

„Dein Wohl, Leo! Möge das Glück dich auch in der Fremde begleiten, möge das Schicksal in absehbarer Zeit uns alle wieder vereinigen! Kinder, ich weiß, daß ihr mir grollt und ich kann doch nichts tun, als mit euch leiden. Seht, Mutter und ich haben den besten Teil des Lebens hinter uns, ich stehe an der Schwelle des Greisenalters, und so ist es doch nur natürlich, wenn wir uns mit allen Fasern dagegen sträuben, den letzten Sonnenstrahl, der uns noch leuchtet, fortziehen zu lassen. Aber selbst wenn wir solcher schier übermenschlicher Selbstlosigkeit fähig wären, würde mich das Pflichtgefühl davon abhalten. Lebten wir in normalen Zeiten, so ließ ich euch ziehen und würde sagen, daß wir ja schließlich alljährlich ein paar Monate bei euch in Paris zubringen können. Aber das ist heute unmöglich, da die Krone fast wertlos ist. Nur Spekulanten können sich noch solchen Luxus leisten, und ihr wißt, daß wir in guten geordneten Verhältnissen leben, aber doch mit jedem Tausendkronenschein rechnen müssen. Würde Lotte jetzt mit dir in die Fremde gehen, so müßte sie das Elternhaus für immer verlieren. Und nicht nur sie, sondern auch euere Kinder wären entwurzelt, vaterlandslos, würden nicht wissen, wo ihre Großeltern in der Erde ruhen. Und wer weiß, es würde der Tag vielleicht kommen, wo du, Lotte, von solcher Heimatssehnsucht erfüllt wärest, daß sie deine Liebe zum Gatten verdrängen und dein ganzes Wesen sich in einen bitteren Vorwurf gegen den, dem du in die Verbannung gefolgt, wandeln würde. Ihr seid beide jung, du, Lotte, bist fast noch ein Kind, du Leo, ein Jüngling und das ganze Leben liegt vor euch. Lasset ein paar Jahre vergehen, vielleicht seid ihr dann voneinander losgekommen oder aber es treten Entwicklungen ein, die euch doch noch vereinigen."

Während Lotte fassungslos weinte und mit ihr ihre Mutter, hob nun auch Leo sein Glas.

„Vater, so darf ich dich ja doch wohl noch nennen, ich muß die Gründe deiner Weigerung, Lotte mit mir ziehen zu lassen, würdigen, wahrscheinlich würde ich an deiner Stelle nicht anders handeln. Aber eines sage ich dir, sage ich Lotte, die ich nie aufhören werde zu lieben: Mein Leben wird von nun an ein einziger Kampf werden! Man sagt meinem Volke Zähigkeit nach – nun so will ich die ganze Fähigkeit meines Volkes in mir vereinigen. Mit Kopf und Herz, mit meinem ganzen Können und Wollen werde ich darauf hinarbeiten, Lotte zu gewinnen, so oder so! Man kann mich vertreiben wie einen räudigen Hund, man kann aber den Willen in mir nicht töten! Und ich leere mein Glas auf euer Wohl und auf unsere Vereinigung, die früher kommen wird, als wir alle heute zu hoffen wagen!"

Am nächsten Tage fuhr Leo Strakosch mit einem Zuge fort, der sich zum großen Teil aus geistigen Arbeitern und Künstlern zusammensetzte. Hofrat Spineder, Frau Spineder und Lotte gaben ihm das Geleite. Außer ihnen ließ Leo nichts zurück, was ihm wert war, da seine Eltern längst nicht mehr lebten.

8. Kapitel
„Meine lieben Christen!"

Der letzte Jahrestag wurde für Wien zu einem Festtag, wie ihn die lustige und leichtsinnige Stadt noch nie erlebt hatte. Unter Aufbietung aller Verkehrsmittel, mit Hilfe von Lokomotiven, die aus den Nachbarstaaten entliehen waren, bei Einstellung jedes sonstigen Personen- und Güterverkehres war es gelungen, an diesem Tag in dreißig riesigen Trains die letzten Juden fortzubringen. Vormittags fuhren die Direktoren und leitenden Funktionäre der Großbanken, mittags die jüdischen Journalisten mit ihren Familien. Sie hatten bis zum letzten Augenblicke ausgeharrt, noch die Abendblätter waren von ihnen geschrieben und redigiert worden, und erst als die feuchten Blätter aus den Rotationsmaschinen flogen, rückten die neuen Herren in die Redaktionsstuben ein. Die Mehrzahl der Wiener Journalisten hatten Engagements bei reichsdeutschen und deutschböhmischen Blättern gefunden, viele wanderten nach Amerika aus, einige wenige beschlossen, sich anderen Berufen zuzuwenden. – Der Herausgeber der großen „Weltpresse" aber übersiedelte mit einem kleinen Stabe von Mitarbeitern nach London, um dort unter dem Titel „Im Exil" eine deutsche Wochenschrift, die sich in erster Linie mit Österreich befassen sollte, erscheinen zu lassen.

Um ein Uhr mittags verkündeten Sirenentöne, daß der letzte Zug mit Juden Wien verlassen, um sechs Uhr abends läuteten sämtliche Kirchenglocken zum Zeichen, daß in ganz Österreich kein Jude mehr weilte.

In diesem Augenblicke begann Wien sein großes Befreiungsfest zu feiern. Von hunderttausend Häusergiebeln wurden die rotweißroten Fahnen gehißt, Tücher in diesen Farben schmückten alle Geschäfte, Lampions vor allen Fenstern wurden entzündet, und bei sternenheller Frostnacht zog eine Million Menschen über den knisternden Schnee, um sich zu Zügen zu vereinigen. Männer, Frauen und Kinder trugen Lampions, Musikkapellen marschierten den einzelnen Bezirksgruppen voran, ein Jauchzen und Jubeln ertönte, und immer wieder zerriß der Ruf „Es lebe das christliche Wien“ die Luft!

Treffpunkt aller Züge war das Rathaus. In feenhafter Pracht lag der schöne gotische Bau Meister Schmidts da. Millionen elektrischer Lichter ließen ihn wie eine einzige Flamme leuchten. Auf einer Tribüne spielten die unvergleichlichen Wiener Philharmoniker, von Juden gesäubert und daher ein wenig reduziert, volkstümliche Weisen, und der Wiener Männergesangverein bot seine besten Lieder dar. Die Volkshalle, der große Platz vor dem Rathaus, der Ring vom Schottentor bis zur Bellaria bildeten eine einzige Menschenmauer, und um acht Uhr war es kein Rufen mehr, sondern ein Heulen aus einer Million Kehlen, das immer wieder erdröhnte.

Endlich kam der große Moment. Bürgermeister Karl Maria Laberl erschien mit dem Bundeskanzler Dr. Schwertfeger auf dem Balkon. Der Bundeskanzler ergriff zuerst mit machtvoller Stimme, die sich bis jenseits des Ringes Gehör verschaffte, das Wort. Er sprach kurz, trocken, aber um so wirkungsvoller:

„Mitbürger, ein ungeheures Werk ist vollendet! Alles das, was in seinem innersten Wesen nicht österreichisch ist, hat die Grenzen unseres kleinen, aber schönen Vaterlandes verlassen! Wir sind nun allein unter uns, eine einzige Familie, wir sind fürderhin auf uns und unsere Eigenart gestellt, mit eigener Kraft werden wir unser gesäubertes Haus frisch bestellen, morsche Mauern stützen, geborstene Pfeiler aufbauen. Wiener und Brüder aus dem ganzen Bundesstaat! Wir feiern heute ein Fest, wie es noch nie gefeiert wurde. Morgen beginnt ein neues Jahr und für uns alle ein neues Leben. Morgen dürfen wir noch ruhen und uns beschaulich besinnen. Dann aber müssen wir arbeiten, wie wir noch nie gearbeitet haben. Unser ganzes Können müssen wir unserem Vaterlande widmen, jede Stunde muß genützt werden. Wir werden der ganzen Welt zeigen müssen, daß Österreich auch ohne Juden leben kann, ja daß wir eben deshalb gesunden, weil wir das Fremde aus unserem Blutkreislauf entfernt haben. Mitbürger, schwört es mir in dieser feierlichen Stunde in die Hand, daß wir alle nicht mehr schweigend in den Tag hineinleben wollen, sondern arbeiten, arbeiten und nichts als arbeiten, bis uns die Früchte unserer Arbeit erblüht sind."

Und der Ruf. „Wir schwören es!" brauste auf, fremde Menschen schüttelten einander die Hände, Männer und Frauen sanken einander weinend und lachend in die Arme, die neue Volkshymne wurde intoniert und mitgesungen und dann erklang ohne Verabredung und doch wie aus einem Munde das „Hoch unser Doktor Schwertfeger, der Befreier Österreichs!"

Als sich der Jubel und Tumult ein wenig gelegt hatte, kam endlich auch Bürgermeister Herr Karl Maria Laberl zum Wort. Er begann seine Ansprache mit den Worten:

„Meine lieben Christen! – –"

Aber viel mehr vernahm die Menge nicht, denn dem warmen Föhn, der seit Minuten durch die vorher noch so kalte Nacht fegte, folgte in diesem Augenblick ein Regenguß, und schreiend, kreischend zerstreute sich die Menschenmasse, um durch ein Meer von Kot und zerflossenem Schnee zu den Straßenbahnen zu eilen.

Zweiter Teil

1. Kapitel

Lotte Spineder an Leo Strakosch, Paris, Rue Foch 22

„Mein Lieber, nun ist genau ein Jahr vergangen, seitdem ich Dir auf dem Westbahnhofe mit meinem von Tränen ganz durchnäßten Taschentuch nachgewinkt habe. Und das erste Weihnachtsfest, das ich als Deine Braut ohne Dich verbringen mußte, liegt hinter mir. Es war wieder recht traurig, und Papa meinte sehr besorgt, daß ich noch ganz krank und elend werden würde, wenn ich mich meinem Schmerz so hingebe. Ich bin jetzt nämlich immer sehr blaß, schlafe schlecht, habe viel Kopfschmerz und werde gleich so müde. Unser Hausarzt meint, es sei Bleichsucht und hat mir

Guberquelle verordnet, aber ich weiß, daß es nur meine Sehnsucht nach Dir ist, die mich schwach und krank macht.

Unsagbare Freude hat mir Deine wundervolle Mappe bereitet, die gerade am Weihnachtsabend eingetroffen ist. Du bist jetzt, wie man aus diesen herrlichen Stichen sieht, ein ganz großer Künstler; Papa, der doch so viel davon versteht, meint, daß Du schon zu den ersten Meistern gehörst und hat furchtbar auf unsere Regierung geschimpft, die solche Männer, statt sie zu ehren, aus dem Lande jagt. Dein Brief, in dem Du von Deinen großen Erfolgen berichtest, hat mich natürlich sehr beglückt, und Papa hat umgerechnet, daß die dreißigtausend Franks, die Du für diese Mappe bekommen hast, Hunderte Millionen österreichischer Kronen sind. Die Krone ist nämlich wieder riesig gefallen. Nur als ich las, daß Du so viel in Gesellschaft verkehrst und dich der Einladungen in die feinsten Häuser kaum erwehren kannst, bekam ich ordentlich Herzklopfen. Wirst Du bei den schönen Pariserinnen nicht Deine arme kleine Lotte ganz vergessen? O Leo, was soll nur aus uns werden, wann werde ich wieder meinen Kopf an Deine Schulter legen können? Weißt Du, Leo, neulich flog ein großer Aeroplan über den Kahlenberg westwärts, und da habe ich gedacht, daß ich, wenn ich die Möglichkeit dazu hätte, gleich zu Dir nach Paris fliegen werde, ob meine Eltern es nun erlauben oder nicht. Überhaupt, wenn ich wüßte, wie man, ohne daß es jemand erfährt, einen Paß bekommt, würde ich mir von Dir Geld schicken lassen und heimlich zu Dir kommen. Ich weiß, daß ich Papa und die Mutter damit furchtbar kränken würde, aber meine Sehnsucht nach Dir ist so groß, daß ich ganz schlecht und grausam geworden bin.

Du bittest mich, ich möge Dir in großen Zügen die Entwicklung der Dinge schildern, seitdem die Israeliten fort sind, da Du aus den farblosen und langweiligen Wiener Zeitungen kein richtiges Bild bekommen kannst. Nun, ich will versuchen, Dir alles zu erzählen, was ich selbst sehe oder von den anderen weiß; aber wenn es dumm wird, so darfst Du mich nicht auslachen.

Also, von dem großen Jubel und den Festzügen am Silvestertage, als die letzten Israeliten Wien und Österreich verlassen hatten, wirst Du ja ohnedies alles aus den Zeitungen ersehen haben. Nun, den ganzen Jänner hielt diese Stimmung an, die Leute machten alle fröhliche Gesichter, ein Festkonzert folgte dem anderen und immer wieder zogen die Massen vor das Rathaus oder das Kanzlerpalais, um den Bürgermeister Laberl und dem Dr. Schwertfeger zu huldigen. Mir selbst ist es aufgefallen, daß die Wiener in der Elektrischen viel freundlicher und netter waren als vorher, und der Hofrat Tumpel, der bei uns verkehrt, Du weißt, der mit dem blonden Vollbart, den Du nie leiden mochtest, sagte triumphierend zu uns:

›Sehen Sie, das Wiener sonnige Gemüt, das so lange von all dem Fremden überschattet worden war, bricht sich wieder Bahn.‹

›Ja, Schnecken‹, brummte der Vater, ›das ist nur, weil den Wienern das Ganze eine Riesenhetz ist und weil die Lebensmittel billiger und wieder Wohnungen zu haben sind.‹ Tumpel meinte aber: ›Oho, lieber Freund, das ist es nicht allein, sondern die indogermanische Naivität unseres Volkes wagt sich wieder heraus!‹

Die Lebensmittel waren wirklich viel billiger geworden, weil unsere Krone damals sehr gut stand. Ich erinnere mich, daß Mama im Winter einmal ganz froh nach Hause kam und sagte, man könne jetzt wieder existieren, das Schweineschmalz kostet nur mehr vierzigtausend Kronen per Kilogramm. Und das mit den Wohnungen hat den Wienern wirklich so viel Freude gemacht. Stelle Dir nur vor: Plötzlich hingen fast an allen Haustoren Zettel, auf denen Wohnungen und möblierte Zimmer angeboten wurden. Die Leute gingen rein zum Zeitvertreib von Haus zu Haus, um die Wohnungen zu besichtigen. Und den ganzen Tag sah man Möbelwagen durch die Straßen fahren.

Das dauerte so bis zum Fasching, aber dann war die gute Laune weg. Plötzlich begann große Arbeitslosigkeit zu herrschen. Die ganze Konfektionsindustrie stand still, und jeden Augenblick hörte man, daß dieses oder jenes Geschäft abgekracht sei. Die Blätter schrieben, man müsse die ehrlichen christlichen Kaufleute, die die alten jüdischen Geschäfte übernommen hatten und ihrer Aufgabe noch nicht gewachsen seien, von Staats wegen unterstützen. Die Arbeitslosen machten aber großen Krawall, zogen über den Ring, demolierten ein paar Geschäfte, schlugen Fensterscheiben ein und setzten es durch, daß ihnen der Staat zehntausend Kronen täglich Arbeitslosenunterstützung zahlte. Da begann die Krone zu fallen, weil, wie Papa mir erklärte, der Banknotenumlauf enorm stieg. Auf ja und nein stand die Krone wieder tiefer als je und die Lebensmittel wurden wieder so teuer und noch teurer als früher. Heute erzählte Mama ganz aufgeregt, daß die Butter schon hundertfünfzigtausend Kronen kostet. Seit dem Frühjahr sind die Leute wieder sehr mürrisch und in der Elektrischen wird viel geschimpft. Hauptsächlich auf die Schieber, die alles verteuern, aber man spricht nicht von jüdischen Schiebern, sondern nur so im allgemeinen.

Du fragst, ob ich viel ins Theater gehe? Ach nein, lieber Leo, wenn man die Oper ausnimmt, so ist in den Theatern gar nichts mehr los. In den Schauspielhäusern wird ununterbrochen Ganghofer und Anzengruber gespielt, weil man von Israeliten nichts aufführen darf und die Klassiker ja doch nicht ziehen. Eine Zeitlang hat man auch viel von Shaw gegeben; seitdem er aber in einer englischen Zeitung erklärt hat, Wien sei ein internationales Dummheitsmuseum geworden, ist er verpönt. Hauptsächlich aber deshalb, weil er auch gesagt hat, ein gescheiter Jude sei ihm lieber als zehn dumme Christen. Die Operettentheater sind alle pleite. (Erinnerst Du Dich, wie ich lachen mußte, als ich von Dir zum erstenmal das Wort pleite hörte?) Es hat sich nämlich herausgestellt, daß sämtliche alte und neue Operetten von Juden entweder komponiert oder geschrieben sind, meistens beides. Auch fehlt es an Kräften, denn fast alle Tenore mußten ja auswandern. Wohl sind rasch ein paar ganz arische Operetten herausgebracht worden, aber das Publikum hat gezischt, weil es ein furchtbarer Schmarren war. Der Hofrat Tumpel meinte, daß sich die christliche Kunst eben nur für seriöse Sachen eigne, nicht für frivoles Zeug. Worauf Papa schmunzelte und sagte, man würde bald einsehen, daß sich die Juden und die Christen hierzulande sehr gut ergänzt haben.

Neulich ist mir mittags am Graben aufgefallen, daß man heuer viel weniger elegante Herren und Damen sieht als früher. Es wird eben gar kein Modeluxus mehr getrieben. Allerdings muß ich sagen, daß mir die widerlichen jüdischen Schiebergesichter, über die Du Dich auch immer so geärgert hast, gar nicht fehlen. Dafür machen sich auf dem Korso sehr viel junge Lackeln, die wie Bauern aussehen und unmöglich angezogen sind, mit mächtigen Uhrketten und Diamantringen an den dicken Fingern, breit. Überhaupt scheint unser ganzer Fremdenverkehr nur mehr aus Bauern zu bestehen. Der Besitzer vom Hotel Imperial hat neulich in einer Zeitung geklagt, daß er jetzt Gäste habe, die sich mit den genagelten Schuhen ins Bett legen und ihre Jägerwäsche in der Badewanne waschen. Wenn Du durch die Kärntnerstraße gehen würdest, so würdest Du schauen, wie wenig elegant die Geschäfte jetzt sind! Nun muß ich aber schließen, weil es schon ein Uhr nachts ist und ich auch nichts Besonderes mehr weiß. Lebe wohl, mein Geliebter, und denke was aus, damit wir bald wieder beisammen sind, weil ich sonst gar nicht mehr leben mag. Es küßt Dich vieltausendmal Deine ganz verzagte

Lotte."

2. Kapitel
Loden – die große Mode

Herr Habietnik ging düster, schweigend, mit gerunzelter Stirne durch die prunkvollen Verkaufsräume des großen Modehauses in der Kärntnerstraße, das einst Zwieback geheißen und jetzt den Namen Wilhelm Habietnik trug. Herr Habietnik war der erste Verkäufer in der Damenmaßabteilung gewesen, und mit Hilfe der Mittelbank deutscher Sparkassen war es ihm gelungen, bei der großen Judenvertreibung das Haus an sich zu bringen. Herr Habietnik ging nun, wie gesagt, von Saal zu Saal, wechselte in jedem ein paar Worte mit dem Rayonchef, sein Antlitz wurde immer finsterer und er stieß unwillige Rufe aus. Durch die ganz in Weiß und Rosa gehaltene Abteilung für Babywäsche schritt er, ohne sich aufzuhalten, in den entzückenden Konditoreisalon, der vollständig leer war, warf er nur einen schiefen Blick, dann stürmte er in sein Privatkontor und ließ sich den Prokuristen Smetana kommen.

„Sie, Herr Smetana, so geht das nicht weiter, da muß etwas geschehen! Wir stehen vor Ostern, früher war das die Hochsaison und man konnte vor Gedränge gar nicht durch das Haus gehen, und jetzt habe ich auf meinem Rundgang drei alte Weiber gefunden, von denen zwei zusammen eine Chenillepelerine, wie sie gar nicht mehr existieren, kaufen wollten und eine einen Barchentunterrock. Wenn wir so weitermachen, können wir sperren. Sagen Sie, wie groß ist das Betriebsdefizit, seitdem ich die Firma übernommen habe?"

Der Prokurist Smetana lächelte sauer:

„Na, so an die tausend Millionen, das wird wohl reichen!"

Herr Habietnik ging aufgeregt auf und ab. „Ich versteh' das nicht! Wir haben früher, wie die Juden noch da waren, doch auch eine Menge christliche Käuferinnen gehabt! Wo sind denn die hingekommen?"

Smetana, der früher in der Buchhaltung gesessen und die Rechnungen ausgeschrieben hatte. lächelte.

„Herr Habietnik, mit den christlichen Kundschaften war es nie weit her, und wenn es schon Christinnen waren, so hatte ihr Christentum doch irgendwo ein Klampferl. Entweder sie waren die Frauen oder die Maitressen von Juden. Bitt' Sie, da erinnere ich mich an die schöne Gräfin Wurmdorf, die was zuletzt noch eine Redoutentoilette für eineinhalb Millionen bei uns hat machen lassen. Na, wer aber hat sie gezahlt? Der Herr Gemahl vielleicht? Keine Spur! Der reiche Eisler von der Firma Eisler und Breisler! Und die Manoni von der Oper, die was die Tochter von einer waschechten christlichen Waschfrau ist und hundert gute Millionen im Jahr bei uns gelassen hat? Na, bei der hat die ganze israelitische Kultusgemeinde herhalten müssen! Und die –"

Herr Habietnik winkte ab. „Trotzdem, es gab genug Damen ohne Liebhaber, die ganz schön eingekauft haben. Ich weiß das besser, weil ich doch gerade die Maßabteilung unter mir hatte."

„Ja, sehen Sie, Herr Habietnik, wenn es schon keine Jüdinnen waren, so war es eben die Konkurrenz der Judenfrauen, die uns geholfen hat. Wenn die Jüdinnen fein und elegant gekleidet waren, so wollten die christlichen Damen der guten Gesellschaft nicht zurückstehen."

„Da können Sie recht haben", meinte der Chef nachdenklich. „Neulich habe ich selbst gehört, wie die Frau Artander die Preise bekrittelte und ohne zu bestellen mit den Worten wegging: „Ach was, heutzutage hat man es ja gottlob nicht mehr notwendig, sich so aufzutakeln und jede Modedummheit mitzumachen. Ich werde eben die alten Sachen herrichten lassen."

Herr Habietnik bekam einen roten Kopf und schlug mit der Hand auf den Tisch. „Ich habe Sie aber nicht gerufen, um mit Ihnen zu schmusen, sondern weil ich einen Rat von Ihnen will! Dazu zahl' ich Ihnen ja den hohen Gehalt!"

Smetana knickte zusammen. „Eine Idee hätt' ich schon, Herr von Habietnik. Die Leut' tragen jetzt so viel Loden und andere solide Sachen. Sie haben es ja selbst gesehen, sogar nach Barchent ist Nachfrage. Wie wäre es, wenn wir ein paar Fenster mit Lodenstoffen, Lodenröcken, Barchent- und Flanellwäsche füllen würden? Und dazu eine schöne Tafel und viel Inserate mit der Ankündigung: Loden, Barchent, Baumwolle und Flanell – die hohe Pariser Mode!"

Herr Habietnik bekam einen Lachkrampf und krümmte sich so lange, bis ihm die Tränen über die Backen liefen. „Flanell und Loden – die große Pariser Mode! Sie, wenn das die Frau Ella Zwieback, die jetzt in Brüssel lebt, erfährt, so glaubt sie, daß wir in Wien alle zusammen verrückt geworden sind! Aber meinethalben, mich ekelt die ganze Geschichte schon an, ich bekomme Platzangst, wenn ich durch das leere Haus gehe! Gut, machen Sie Lodenfenster! Und Steirerhüteln dazu nicht vergessen und genagelte Schuhe! Und die Konditorei verwandeln wir langsam, aber sicher in eine Stehbierhalle mit heißen Würsteln. Mir ist schon alles egal, so kapores oder so!"

Zehn Tage später sah man richtig hinter einem der Fenster rote, blaue und gemusterte Flanellröcke, Hosen, gestrickte Miederleibchen, hinter einem anderen Baumwollstrümpfe und solides Schuhzeug und in einer der Auslagen türmten sich Lodenstoffe in Braun, Grau und Schwarz zu Bergen. Und die Verkaufsräume füllten sich, bis der Bedarf der weitesten Kreise gedeckt war und die Verkäuferinnen wieder verstohlen hinter ihren schwarzen Seidenschürzen gähnten oder Engelhornromane lasen.

3. Kapitel
Der alte Markör

Im Café Imperial saß der Rechtsanwalt Doktor Haberfeld und schob die Zeitungen, die ihm der alte Zahlkellner Josef gebracht hatte, unwirsch beiseite.

„Sie, Josef, leer ist es jetzt bei euch, daß man neben dem Ofen friert! Früher hat man mühsam sein Platzerl ergattern können und jetzt, jetzt könnt man bei euch das Traberderby abhalten, weil eh kein Mensch im Weg steht!"

Josef strich die ergrauten Bartkoteletten, machte tieftraurige Augen, wischte mit der Serviette über den Tisch und sagte sorgenvoll:

„Es geht eh ein Ringcafé nach dem andere ein, ich glaub', lang wer'n mir's auch net mehr machen. Wissen S', Herr Doktor, was die Herren Israeliten – pardon, die Juden, waren, die sind halt alle gern in die feinen Lokale gegangen, wo was los ist und man was sieht. Aber die christlichen Herrschaften, die geh'n ins Vorstadtkaffeehaus und spielen ihr Tarock oder machen eine Billardpartie und gehen sonst lieber zum Heurigen oder ins Wirtshaus. 's ist halt eine andere Zeit jetzt!"

„Das merkt ein Blinder, der taubstumm ist", brummte der Anwalt. „Sie, Josef, wir zwei kennen einander ja schon lange genug und brauchen uns keine Komödien vorzuspielen. Mir g'fallt halt die ganze Gschicht net! Wien versumpert ohne Juden!"

Josef fuhr erschreckt zusammen und sah sich ängstlich um.

„Ah was, es hört uns eh' niemand! Wien versumpert, sag' ich Ihnen, und wenn ich als alter, graduierter Antisemit das sag', so ist es wahr, sag' ich Ihnen! Ich wer' Ihnen was sagen, Josef. Wenn ich gegessen hab', muß ich, Sie wissen's ja am besten, immer mein Soda-Bikarbonat nehmen, um die elendige Magensäure zu bekämpfen. Wenn ich aber gar keine Magensäure hätt', so könnt ich überhaupt nichts verdauen und müßt krepieren. Und wissen S', der Antisemitismus, der war das Soda zur Bekämpfung der Juden, damit sie nicht lästig werden! Jetzt haben wir aber keine Magensäure, das heißt keine Juden, sondern nur Soda und ich glaub', daran wer'n wir noch zugrund' geh'n!"

Josef, der mit atemloser und ehrfürchtiger Spannung gelauscht hatte, schlug verzweifelt mit der Serviette auf einen Stuhl und flüsterte beklommen:

„Recht haben S', Herr Doktor, wenn man sich auch net traut, es laut zu sagen. Mit dem Zugrundegehen aber fang' ich schon an! Ich habe im letzten Halbjahr die Hälfte von meinem Ersparten aufgebraucht. Herr Doktor, unter uns gesagt, und weil Sie selbst ein nobler Herr sein, den was es nicht treffen tut: Die Herren Israeliten, pardon, ich mein' die Juden, waren nobel im Trinkgeldgeben!"

Josef räumte die Zeitungen fort, die dem Dr. Haberfeld zu langweilig waren, brachte auf seinen Wunsch das Prager und das Berliner Tagblatt und wandte sich anderen eben eingetretenen Gästen zu, die sich je ein Viertel Wein bestellten.

„Wie in einem Beisel", raunte Josef dem Rechtsanwalt im Vorübergehen zu. Und dieser nickte verständnisvoll, zündete sich eine Zigarre an und gedachte der Zeiten, da er allabendlich im Kreise jüdischer Kollegen hier gesessen und trotz aller politischen Gegnerschaft manch klugen und guten Gedanken mit ihnen ausgetauscht hatte...

4. Kapitel
Die allzu große Tat

Der Frühlingsbeginn, der seit jeher als politisch aufgeregte Zeit gegolten hat, brachte auch diesmal den Wienern unruhige Tage. Die Arbeitslosigkeit griff erschreckend um sich, eine Fabrik nach der anderen stellte den Betrieb ein, aber auch die Konkurse der Detailgeschäfte häuften sich und allenthalben gab es lärmende Kundgebungen, nicht nur der Arbeiter, für die der Staat halbwegs sorgte, sondern auch der entlassenen Kommis und Verkäuferinnen, Buchhalter und Tippmädels, bis in bewegter Ministerratssitzung beschlossen wurde, auch diesen Kategorien für die Zeit ihrer Stellenlosigkeit Zuschüsse zu gewähren. Der Finanzminister hatte sich mit Händen und Füßen dagegen gesträubt, der Kanzler, Dr. Schwertfeger, aber schließlich seinen Willen durchgesetzt. Doktor Schwertfeger, der noch starrer, knochiger, härter geworden war, erklärte, daß auch diese neue Belastung getragen werden müsse.

„Wir dürfen es nicht dazu kommen lassen, daß eines Tages der Ausweisung der Juden die Schuld an Not und Elend gegeben wird. Wir haben bis heute die ›Arbeiter-Zeitung‹, die jetzt zwar von Christen, aber doch noch im jüdischen Geist geschrieben wird, bewegen können, jede Kritik des Antijuden-Gesetzes zu unterlassen. Erfüllen wir die Forderungen der Stellungslosen im kaufmännischen Betriebe nicht, so wird ihr die Geduld reißen und sie wird, schon um diese Leute in ihr Lager zu drängen, eine Polemik eröffnen, die verderblich werden kann, weil wir die Übergangszeit von der Judenherrschaft zur Befreiung noch nicht hinter uns haben."

„Und unsere Krone?" wandte der Finanzminister Professor Trumm höhnisch ein.

„Wir müssen uns an unsere christlichen Freunde im Auslande wenden und ihnen unsere Bedrängnis klar machen. Am besten, Sie fahren gleich nach Paris und London."

Trumm lachte laut auf „Ganz vergeblich! Schon von der ersten Bittfahrt vor drei Monaten bin ich mit leeren Händen gekommen! Die Leute geben nichts mehr, haben ja sogar ihre festen Versprechungen nicht ganz gehalten. Sie unterschätzen den Einfluß unserer früheren Konnationalen, der österreichischen Juden, die zum Teil heute in den ausländischen Banken sitzen! Und abgesehen davon, der christliche Begeisterungstaumel ist vorbei und man steht wieder auf dem kaltgeschäftlichen Standpunkt. Sogar Mister Huxtable hat abgewinkt. Also meinethalben, bewilligen wir die Forderungen der stellenlosen kaufmännischen Angestellten! Aber ich wasche meine Hände in Unschuld."

Am nächsten Tag wurde der Kabinettsbeschluß verlautbart, es trat wieder Ruhe ein, aber am zweitnächsten Tag fiel die Krone an der Züricher Börse um dreißig Prozent. Und die „Neue Züricher Zeitung" veröffentlichte einen Artikel, in dem sie ziffernmäßig nachwies, daß Wien langsam, aber sicher aufhöre, irgendwelche Bedeutung für den mitteleuropäischen Handelsverkehr zu haben und der Rivalität Prags und Budapests unterliege. „In Ungarn ist man ebenso schlau wie in Prag gewesen. Man hat gewisse Kategorien von anständigen Juden mit offenen Armen aus Wien aufgenommen und dadurch den Handel an sich gerissen. Die Einkäufer der ganzen Welt können, weil sie zum großen Teil Juden sind, ohnedies Wien nicht mehr besuchen, sie gehen nach Prag, Brünn und Budapest, in erster Linie natürlich nach Berlin, das reißt die christlichen Einkäufer mit, die österreichischen Erzeuger von Fertigfabrikaten, wie Ledergalanterie, Schuhe, Keramik und so weiter, müssen, statt die Einkäufer bei sich zu empfangen, mit dem Musterkoffer nach dem Ausland reisen, kurzum, es werden trotz des beispiellos niedrigen Standes der Krone in Wien keine nennenswerten Geschäfte gemacht. Damit hat naturgemäß in Wien auch das Schiebertum in Valuten sein Ende erreicht, aber wie es scheint, auf Kosten des österreichischen Organismus. Der geniale Bundeskanzler Doktor Schwertfeger hat mit seinem Gesetz keine große, sondern eine allzu große Tat getan!"

Und wie zur Bekräftigung der Wahrheit dieses Artikels begann sich in Wien eine völlige Deroutierung des Bankenwesens einzustellen. Die ausländischen Konsortien, die die Wiener Großbanken übernommen hatten, sahen sich in ihren Hoffnungen bitter enttäuscht. Ihr Umsatz wurde immer geringer, mit dem Fortgang der Juden hatte auch das Börsenspiel einen beträchtlichen Rückgang aufzuweisen, und die Banken waren genötigt, wenn sie nicht mit Verlust arbeiten wollten, eine der Tausenden von Bankfilialen, mit denen Wien überfüllt war, nach der anderen aufzulassen. Vergebens legte die Organisation der Bankbeamten dagegen Protest ein, daß ein Teil ihrer Mitglieder brotlos gemacht wurde. Die Banken steckten sich hinter ihre Gesandtschaften, es kam zu peinlichen diplomatischen Interventionen, die damit endeten, daß die österreichische Regierung, statt ihre eigenen Beamten abzubauen, noch die stellenlosen Bankangestellten in ihren Dienst nehmen mußte. Und die Krone fiel auf ein Tausendstel Centime.

5. Kapitel
Henry Dufresne

An einem schönen, sommerlich warmen Maimorgen kam vom Westbahnhof her ein Automobil vor das Hotel Bristol gefahren, dem ein eleganter, schlanker, dunkelhaariger Herr entstieg. Der Hoteldirektor musterte mit geübtem Blick den schweren Lederkoffer und das Handgepäck und dann erst den Fremden, dem ein kleines Knebelbärtchen im Verein mit dem aufgezwirbelten und in Wien sehr unmodernen Schnurrbart einen exotischen Anstrich verlieh. Südfranzose! taxierte der Direktor, rechnete rasch im Kopf französische Franken in Kronen um, und beschloß, dem erstaunlichen Resultat gemäß, den Zimmerpreis zu stellen. Auf die französisch vorgebrachte Frage, ob ein Zimmer frei sei, erwiderte er, ein ironisches Lächeln mühsam unterdrückend:

„Jawohl, Monsieur, ein einzelnes Zimmer gefällig oder ein Appartement mit Bad? Mt Aussicht auf den Ring oder nach rückwärts?“

Der Passagier ließ vor Erstaunen das eingeklemmte Monokel fallen.

„Ja, wie ist denn das? Früher konnte man doch ohne vorherige Anmeldung nirgends unterkommen!“

„Mein Herr“, seufzte der Direktor jetzt tief und ehrlich, „Sie waren wahrscheinlich anderthalb Jahre oder länger nicht mehr in Wien! Seither hat sich viel verändert!“

Der Fremde war sofort im Bilde, nickte verständnisvoll, forderte ein Appartement auf die Ringstraße hinaus und füllte dann den Meldezettel aus.

„Henry Dufresne, Kunstmaler aus Paris, 29 Jahre alt, katholisch, ledig.“

Monsieur Dufresne nahm ein Bad, kleidete sich um, pfiff dabei vergnügt einen Pariser Gassenhauer vor sich hin, ließ sich ein vorzügliches Frühstück auf dem Zimmer servieren und verließ dann so gegen zehn Uhr vormittags ersichtlich aufgeräumt das Hotel.

Der Franzose mit dem Knebelbärtchen kannte sich in Wien entschieden gut aus, denn er schwang sich, ohne jemanden zu fragen, auf einen Straßenbahnwagen, und er mußte auch die deutsche Sprache vorzüglich beherrschen, denn man sah ihm an, daß er den Gesprächen der Umstehenden interessiert lauschte. Als eine alte Frau über die Teuerung zu jammern begann und arg auf die hohe Obrigkeit schimpfte, klopfte Herr Dufresne sie auf die Schulter und meinte in tadellosem Deutsch und wienerischem Akzent besänftigend:

„Wie kann man nur so was sagen, Mutterl, wir müssen doch alle froh und glücklich sein, weil wir die Juden losgeworden sind.“

Aber das Mutterl begehrte jetzt erst recht auf.

„Mir ham' die Juden nie was g'tan! Wegen meiner hätten s' in Wien bleiben können. A so a gute Bedienung hab' i bei an jüdischen Herrn g'habt und alleweil, wann er a Madl mit nach Haus g'bracht und an Unordnung g'macht hat, hat er mir an Fetzen extra g'schenkt. Leben und leben lassen, hat er immer g'sagt und recht hat er g'habt!“

Die Leute auf der Plattform lachten und ein biederer Mann mit einer weinselig funkelnden Nase meinte bestätigend:

„Ja, das derf man schon sagen, es hat auch anständige Leut' unter den Juden 'geben!"

Ein eigenartiges Lächeln spielte um den Mund des Franzosen, der nun ausstieg und langsam zu Fuß die Währingerstraße entlang schlenderte, dann in die Nußdorferstraße einbog, mitunter vor einer Auslage kopfschüttelnd stehen blieb, die Preise der ausgestellten Waren zur Kenntnis nahm und so schließlich in die Billrothstraße kam, die im weiteren Verlauf nach den rebenreichen Vororten Sievering und Grinzing führt.

Ein Zettel am Haustor eines modernen Zinspalastes in der Billrothstraße fesselte seine Aufmerksamkeit.

„Kleine, elegant möblierte Wohnung mit Atelier sofort zu vermieten. Auskunft erteilt der Portier."

Kurz entschlossen betrat Herr Dufresne das Haus und suchte den Portier auf, der ihn mittelst Lift nach dem fünften Stock führte und die Wohnung zeigte. Sie bestand aus einem Schlafzimmer, einem als Herrenzimmer eingerichteten Salon, an den sich ein atelierartiger, großer Raum mit Glasdach schloß. Auch ein Badezimmer war vorhanden.

„Wie kommt es, daß die Wohnung leer steht?"

„I, du meine Güte", rief der Portier, „in Wien stehen jetzt an die zwanzigtausend Wohnungen leer! Diese da hat ein Architekt, ein Herr Rosenbaum, gehabt, der mit den anderen Juden fort mußte. Der Hausherr hat ihm die Möbel abgekauft, konnte aber bis heute keinen Mieter finden, weil keine Küche dabei ist."

Nach weiteren fünf Minuten hielt der Portier einen Fünfhunderttausendkronenschein als Angabe in der Hand, und Herr Dufresne war Besitzer der Wohnung. Als er jetzt mit beschleunigten Schritten gegen Grinzing ging, wirbelte er vergnügt sein Spazierstöckchen in der Luft und murmelte vor sich hin: „Der Anfang ist gut, besser hätte ich es mit der Wohnung gar nicht treffen können." Je näher er aber Grinzing kam, desto erregter wurde er, seine Wangen färbten sich rot und seine braunen lustigen Augen leuchteten wie im Fieber. Nun hatte er die Kobenzlgasse erreicht und seine Schritte wurden langsam, fast schleppend, wie die eines Mannes, der einem schicksalsschweren Augenblick entgegengeht. Vor dem Hause des Hofrates Spineder blieb er tiefatmend stehen und zog sich den grauen Kalabreserhut in die Stirne, daß man nur mehr seinen Knebelbart und das Kinn sah. Unschlüssig ging er auf und ab, mitunter nervös auf die Armbanduhr sehend, die auf halb zwölf wies. Gerade als er wieder vor dem grünen Tor stand, ging dieses auf und ein Dienstmädchen verließ das Haus. Und eben in diesem Augenblick, als das Tor offen stand, sah Herr Dufresne, wie von der links im Hofe gelegenen Wohnungstür ein junges, weißgekleidetes Mädchen mit goldblonden Haaren, die kein Hut verdeckte, in der Hand ein Buch, den Hof nach rückwärts durchschritt und den Garten aufwärts ging.

„Hurra!" schrie der Mann mit dem Knebelbart in sich hinein und sein Kriegsplan war fertig. Rechts vom Spinederschen Grundstück lag, von ihm durch einen Holzzaun getrennt, ein langer, leerer Bauplatz, seit dem Kriege provisorisch in einen riesigen Gemüsegarten verwandelt. Der Länge nach zog sich dieser Gemüsegarten bis hoch hinauf zum Lusthäuschen auf der höchsten Stelle des Spinedergartens. Auf der anderen Längsseite war das Grundstück ebenfalls durch einen Holzzaun von einer Nebengasse der Kobenzlgasse getrennt, aber dieser Zaun war verwahrlost und wies mehrfach Unterbrechungen auf. Durch eines der Löcher kroch nun der Franzose, eilte mit langen Sätzen den Gemüsegarten aufwärts, wobei er links von sich das blonde Mädchen gehen sah und es bald hinter sich ließ. Nun war Herr Dufresne ganz oben, mit einem Ruck schwang er sich über den Zaun in den Garten des Hofrates Spineder hinüber und versteckte sich hinter einem mächtigen Lindenbaum, der mitten im Weingarten stand. Einige Minuten später war das Mädchen beim Baum angelangt, aber es konnte den Mann hinter dem Baum nicht sehen. Bis plötzlich Unerwartetes geschah. Herr Dufresne rief halblaut: „Lotte!" Und als Lotte Spineder erschreckt und verwirrt stehen blieb und sich umsah, rief er wieder: „Lotte! Ich bin es, um Himmels willen erschrick nicht!"

Im nächsten Augenblick hielt der Herr mit dem Knebelbart Lotte, die schneeweiß geworden war und zu schwanken begonnen hatte, in seinem Arm. Und immer wieder preßte er seinen Mund auf ihre kalten Lippen, bis sich ihre Wangen färbten und sie ihn, am ganzen Körper bebend, fest umklammerte, als wollte man ihn ihr entreißen.

Und nun saßen sie im Lusthäuschen, Leo Strakosch hielt Lotte auf seinem Schoß und erzählte in fliegenden Worten:

„Ja, Lottchen, ich bin es, und dir zuliebe habe ich mir diesen entsetzlichen Napoleonbart plus Schnurrbart wachsen lassen. Ich habe es einfach vor Sehnsucht nach dir nicht mehr ausgehalten, und als mir dein Vater schrieb, daß er ernstlich um deine Gesundheit besorgt sei und es für richtiger halte, wenn wir den Briefwechsel, der in dir alle Wunden immer wieder aufreiße, einstellen würden, war mein Plan gefaßt. Ich vertraute mich einem lieben, guten Kameraden, Henry Dufresne, der für mich ins Feuer gehen würde, an, ließ mir den Knebelbart, wie er ihn hat, stehen und bekam von ihm sämtliche Papiere, als da sind: Taufschein, Heimatschein, Militärzeugnis und den ordnungsgemäß von der österreichischen Gesandtschaft in Paris vidierten Paß. Wir sahen durch den Bart einander so ziemlich ähnlich, so daß er es riskieren konnte, sich seinen Paß mit meiner Photographie zu besorgen. Und meine Unterschrift hat er nachgemacht und nicht ich seine. Der gute Junge hat natürlich allen Freunden und Bekannten erzählt, daß er nach Wien fährt, in Wirklichkeit ist er auf das Gut seines Onkels in Südfrankreich gegangen, wo er ein Jahr bleibt. Und genau so lange, als er dort ist, kann ich hier in Wien als Henry Dufresne leben."

Lotte schluchzte und lachte in einem Atem.

„Leo, ich bin ja so namenlos glücklich! Aber ich habe auch solche Angst um dich! Du weißt, es steht die Todesstrafe auf die verbotene Rückkehr – was, wenn sie dich erwischen?!"

„Ganz ausgeschlossen, mein Lieb! Die wenigen Freunde, die ich hatte, sind Juden und mußten so wie ich das Land verlassen. Außerdem bin ich tatsächlich durch den Bart unkenntlich, besonders, wenn ich ein Monokel trage. Und selbst wenn jemand käme und behaupten würde, daß ich Leo Strakosch bin – ich würde einfach leugnen und niemand könnte mich überführen, denn mein Paß ist echt, die Unterschrift ist echt, und wenn man bei der Polizei in Paris anfragen sollte, so würde man die Auskunft bekommen, daß Henry Dufresne mit Reisepaß nach Wien abgereist sei."

„Aber Papa und Mama?" fragte Lotte nach etlichen herzhaften Küssen, die ihr trotz Schnurrbart und Mouche wohl taten.

„Die dürfen natürlich nicht ein Sterbenswörtchen erfahren, Lotte," meinte Leo ernst. „Nicht, daß sie mich anzeigen würden! Aber dein Papa ist zu sehr Beamter und Hofrat, um mir eine solche Mystifikation nicht übel zu nehmen, und außerdem würde er unter keinen Umständen dulden, daß wir zusammenkommen, sondern mich beschwören, wieder fortzufahren. So aber werden wir uns täglich sehen, nicht wahr, Lotte?"

Und Leo erzählte ihr von der behaglichen, kleinen Wohnung, die er eben gemietet und schilderte, wie sie dort täglich ein paar Stunden, solange Lotte sich eben würde freimachen können, zusammen verbringen würden. Lotte war nur über und über rot geworden, aber sie sah in die ehrlichen und treuen Augen ihres Bräutigams und wußte, daß sie auch ganz allein mit ihm in guter Hut sein würde.

Lotte konnte jeden Augenblick im Garten gesucht werden und Leo mußte verschwinden. Bevor sie aber Abschied nahmen, bewölkte sich wieder die weiße Stirne des Mädchens.

„Leo, du hast nun deine glänzende Karriere in Paris aufgegeben! Was aber willst du hier in Wien tun, wie bei dieser schrecklichen Teuerung, über die nun auch Papa zu klagen beginnt, deinen Unterhalt bestreiten?"

Leo lachte so vergnügt und laut, daß ihm Lotte erschreckt die Finger auf den Mund legte. Was er für eine Aufforderung nahm, die kleinen rosigen Finger zu küssen. Er tat es reichlich und sagte dann:

„Mein Liebes, was ich hier tun werde? Arbeiten, und zwar tüchtig, und ungeheuer viel Geld sparen, weil diese Wiener Teuerung, in Franks umgerechnet, lächerlich billig ist. Du mußt nämlich wissen, daß ich von der größten Pariser Verlagsfirma den Auftrag bekommen habe, eine neue Gesamtausgabe der Werke Zolas zu illustrieren. Glänzende Bedingungen, sage ich dir. Sechzigtausend Franks, wovon ich die Hälfte bei Abschluß des Vertrages bekommen habe. Die andere Hälfte erhalte ich, wenn ich die zweihundert Zeichnungen abliefere, und daß muß in einem Jahr sein. Also, du siehst wieder einmal: Wir Juden sind schlau und wissen, wo unser Vorteil bleibt!"

Leo kroch über den Zaun zurück und Herr Dufresne besorgte noch am selben Tag seinen Umzug nach der Billrothstraße. Hofrat Spineder und seine Gattin stellten aber mit Befriedigung fest, daß ihr Töchterchen zum erstenmal seit Jahr und Tag guter Laune war und heiter vor sich hinsang.

„Du wirst sehen", sagte der Hofrat seiner Gattin, „Lotte schlägt sich nach und nach die ganze traurige Geschichte aus dem Kopf! Der arme Bursch' tut mir ja leid, aber es ist besser so. Übrigens hat er mir ja auch ganz vernünftig geschrieben und versprochen, den Briefwechsel mit Lotte aufzugeben."

Die Frau Hofrätin schüttelte verwundert das Haupt und dachte: Wie doch die Mädchen von heute ganz anders sind! Ich würde an Lottes Stelle meine Liebe nicht überwunden haben!

6. Kapitel
Das Ende des Mieterschutzes

Die „Weltpresse", einst das Blatt des liberalen Bürgertums, jetzt das Hauptorgan der christlich-sozialen Partei, erhielt eine Zuschrift von dem Besitzer des Hauses Billrothstraße 19, in der in scharfer und logischer Weise gegen den Fortbestand des Mieterschutzgesetzes Stellung genommen wurde. „Das Mieterschutzgesetz", hieß es in der Zuschrift, „hatte Zweck und Sinn, als Wohnungsnot herrschte und die Bevölkerung davor geschützt werden mußte, durch die Habgier einzelner Hausbesitzer obdachlos gemacht zu werden. Heute gibt es keinen Mangel an

Wohnungen mehr; dank dem segensreichen Antijudengesetz unseres hochverehrten Bundeskanzlers sind wieder normale Verhältnisse eingetreten, es ist der notwendige Überschuß an Wohnungen vorhanden, und so erübrigt sich dieses Mieterschutzgesetz, das nur mehr einen brutalen Eingriff in die Rechte der Hausbesitzer bildet, ja sogar einen Verfassungsbruch. Sicher werden nach Aufhebung des Gesetzes Steigerungen der Mietzinse eintreten, was nur gerechtfertigt wäre und schließlich der Allgemeinheit zugute käme, denn von den höheren Mietzinsen sind höhere Steuern zu zahlen und mit höheren Mietpreisen steigt der Wert der Häuser. Es ist charakteristisch, daß es ein in meinem Hause wohnender, vornehmer französischer Künstler ist, der mir sein Entsetzen über dieses Mieterschutzgesetz ausdrückte. Er erklärte, daß man sich in französischen Kapitalistenkreisen über dieses Gesetz lustig mache, das unter anderem auch verhindert, daß Ausländer ihr Geld in Wiener Häusern anlegen. Also fort mit dem Mieterschutzgesetz! Die vornehme christliche Gesinnung der Wiener Hausbesitzer, vor allem aber das Gesetz von Angebot und Nachfrage werden automatisch ein allzu starkes Hinaufschnellen der Mietpreise verhindern."

Die Zuschrift erschien an auffallender Stelle in der „Weltpresse" mit einem redaktionellen Zusatz, in dem sehr vorsichtig die Ansicht des geehrten Einsenders gebilligt, ihr aber gleichzeitig auch sanft widersprochen wurde. Denn man wollte weder die Hausbesitzer noch die Mieter vor den Kopf stoßen.

Von da an begann ein lebhafter öffentlicher Gedankenaustausch, es hagelte von Zuschriften, und immer stürmischer wurde der Ruf der Hausbesitzer nach Aufhebung des Mieterschutzgesetzes, Einräumung des Kündigungsrechtes und der individuellen Mietsteigerung. Herr Windholz, der Besitzer des Hauses in der Billrothstraße, war plötzlich eine gewichtige Persönlichkeit geworden, der Verein der Hausbesitzer wählte ihn zum Vorstand und täglich kam er zu seinem vornehmen französischen Mieter, Herrn Dufresne, um sich bei ihm Rat zu holen. Herr Strakosch, alias Dufresne, aber hetzte munter weiter und sagte eines Tages mit Emphase:

„Wenn sich die Hausbesitzer noch weiter diese Versklavung gefallen lassen, so halte ich sie alle zusammen für alberne Waschlappen und ich werde eine Stadt verlassen, in der solche Zustände möglich sind.“

„Ja, was sollen wir nun tun“, meinte Herr Windholz kleinmütig, „wenn die Regierung absolut unseren Wünschen nicht entsprechen will?“

„Was Sie tun sollen? Ich werde es Ihnen sagen! Heute noch trommeln Sie Ihren Verein zusammen und fassen den Beschluß, der Regierung ein dreitägiges Ultimatum zu stellen. Stellt sie bis dahin die Freizügigkeit im Wohnungsverkehr nicht wieder her, so wird von den Hausbesitzern gestreikt! Sie führen keine Steuern ab, unterlassen die Hausbeleuchtung und Reinigung, verweigern die Bezahlung der Hypothekarzinsen, kurzum, Sie sabotieren den Staat!“

Herr Windholz war begeistert, umarmte den Franzosen und versicherte ihm, daß er keinesfalls im Zinse gesteigert werden würde.

Es geschah ganz nach dem Programm des Herrn Dufresne. Der Verein der Wiener Hausbesitzer beschloß einstimmig das Ultimatum und, die Regierung fiel um. Vergebens versicherte Dr. Schwertfeger, daß die Aufhebung des Mieterschutzgesetzes die unheilvollsten Folgen haben werde, er wurde von seinen Ministerkollegen überstimmt. Wie die „Arbeiter-Zeitung“ boshaft behauptete, in erster Linie deshalb, weil der Finanzminister, der Unterrichtsminister und der Handelsminister mehrfache Hausbesitzer waren.

Das Mieterschutzgesetz, das den Hausbesitzern sowohl die Kündigung der Mieter als die willkürliche Erhöhung der Mietpreise untersagte, fiel also, und vierundzwanzig Stunden später fand eine stürmische Generalversammlung der Hausbesitzer statt, in der beschlossen wurde, die derzeitigen Mietpreise der Teuerung halbwegs entsprechend auf das Tausendfache zu erhöhen. Eine Art Rütlischwur verpflichtete zur unbedingten Einhaltung dieses Beschlusses.

Die Bevölkerung, die ja nur zum geringsten Teile aus Hausbesitzern besteht, geriet in Tobsucht. Arbeiterfamilien mußten nunmehr Millionen im Jahre für ihre Wohnung bezahlen, eine kleine Mittelstandswohnung kostete nicht unter fünfzig Millionen. Die Organisation der Hausfrauen, die Gewerkschaften, der Verband der Festangestellten, die Kriegsinvaliden und Kriegerswitwen, der Bund der Gewerbetreibenden, sie alle veranstalteten Massendemonstrationen und durch volle acht Tage wurde in Wien und den Provinzstädten überhaupt nicht gearbeitet, sondern vom Morgen bis in die Nacht demonstriert. Die Zahl der eingeschlagenen Fensterscheiben wuchs erschreckend, und zum erstenmal seit einer geraumen Anzahl von Jahren hörte man auf der Straße den Ruf:

„Nieder mit der Regierung!“

Die christlichen Blätter ebenso wie die deutsch-nationalen verloren massenhaft Leser, während der Weizen der „Arbeiter-Zeitung“ wieder zu blühen begann.

7. Kapitel
Zwickerl macht Konkurs

Herr Zwickerl war schlechter Laune und stocherte wütend in seinem Kirschenstrudel umher, der auf dem Teller vor ihm lag. Frau Zwickerl sah Sturm kommen und beugte vor.

„Anton, was is dir denn wieder über die Leber gelaufen? Geht das Geschäft nicht?“

Das war für Herrn Zwickerl zu viel. Er schob den Kirschenstrudel fort, wurde röter im Gesicht als die Kirschen im Strudel und brüllte:

„Oh ja, das G'schäft geht! Zum Teufel nämlich geht es! Damit du nur weißt, Konkurs muß ich ansagen!“

„Jessasmariandjosef!“ kreischte Frau Zwickerl auf. „Wie ist denn das möglich?! Es ist doch immer g'steckt voll im Laden und alle Leut' glauben, daß du eine Goldgruben von dem Juden, dem Leßner, übernommen hast!“

„Ja“, höhnte Zwickerl, „eine Goldgruben voll mit Dreck! Je mehr die Leut' kaufen, desto mehr verlier' ich! Weißt was? Daran san die verfluchten Valuten schuld! Kronen, schäbige Kronen krieg' ich herein und Mark und tschechische Kronen und Francs fliegen hinaus. Zehntausend Meter Batist kauf' ich in Reichenberg und nach acht Tagen kommt der Verkäufer von der Abteilung und strahlt über das ganze blöde Gesicht und sagt: „Herr Zwickerl, die Ware fliegt einem nur so aus der Hand! Morgen haben wir nicht mehr einen Meter im Haus!“

„Schön, denk' ich mir und geh' in die Buchhaltung, und wie wir nachrechnen, sehen wir, daß ich, weil die tschechische Krone wieder gestiegen ist, bei jedem Meter verloren hab'. Und das ist nur ein Beispiel von hunderten. Ich schlag' eh bei jeder War' schon dreihundert Prozent auf und trotzdem, die Krone fällt rascher, als ich aufschlagen kann, Verluste, nichts als Verluste, und die Länderbank, die mir das Kapital zur Übernahme gegeben hat, fordert Rückzahlung und ich kann nicht zahlen, weil ich ein riesiges Defizit habe. Im Gegenteil, ich brauche wieder eine Milliarde, weil ich sonst nicht einkaufen kann!“

Herr Zwickerl hatte sich Luft gemacht und war besänftigt. Er zog den Kirschenstrudel an sich heran und machte ein pfiffiges Gesicht:

„Weißt, Alte, wir braucheten einfach ein paar jüdische Banken, das ist alles! Früher, als ich mein kleines Geschäft in der Stumpergassen gehabt habe, da bin ich alleweil, wenn ich im Ausland kaufen mußte, zum krummen Kohn von der Hermesbank gegangen, wo mein Konto war, und der hat gesagt: Herr Zwickerl, hat er gesagt, Sie müssen sich jetzt mit Mark eindecken, weil die Mark steigen wird; oder: die Krone wird fester kommen, hat er gesagt, kaufen Sie Kronen. Und immer ist es richtig so gewesen und ich hab' nicht nur an der Ware, sondern auch noch an der Valuta verdient! Aber jetzt – die Affen, die jetzt in der Bank beieinandersitzen, kennen sich selber net aus und i kenn' mi auch net aus und alles geht kaputt, sag' ich dir!“

Herr Zwickerl gehörte zu den vielen kleinen Geschäftsleuten, die durch das Antijudengesetz mächtig in die Höhe gekommen waren. Mt Hilfe der urchristlich gewordenen Länderbank hatte er, der kleine Dutzendkaufmann, das große Warenhaus in der Mariahilferstraße an sich bringen können, und das erste Halbjahr war alles eitel Wonne gewesen. Wenn Herr Zwickerl auf der Galerie des Kaufhauses stand und auf den Menschenschwarm hinabsah, kam er sich wie ein kleiner König vor und er berauschte sich ordentlich an dem Klingeln der Registrierkassen, dem Knistern der Seide und dem Stimmengewirr. Und allabendlich leerte er beim Nachtessen sein Weinglas auf das Wohl des Schwertfeger, und immer wieder sagte er zu seiner Frau, die jetzt nur mehr in Glacéhandschuhen kochte:

„Alte, da sieht man es am besten, wie uns die Juden ausgesaugt haben! Die Juden haben die großen Geschäfte gehabt und wir Christen konnten im finsteren Laden schuften und darben. Gottlob, daß das aufgehört hat!"

Aber schon die erste Semestralbilanz brachte dem Herrn Zwickerl arge Enttäuschung. Trotz der enormen Umsätze und des gefüllten Kaufhauses war von einem Gewinn keine Rede, immer wieder hatte man sich beim Einkauf im Auslande so oder so verspekuliert. Und mehr als einmal hatte Herr Zwickerl in sich hineingeseufzt: An ordentlichen Juden, wenn ich hätt', der was mich beraten tät'!

Herr Zwickerl mußte tatsächlich Konkurs anmelden, das Geschäft wurde geschlossen und von einem Grundbesitzer aus der Gumpoldskirchner Gegend übernommen, der aus dem großen Haus eine riesige Stehweinhalle machte.

In den Jahren, die dem Kriegsende und dem Umsturz gefolgt waren, hatte sich Wien immer mehr zur Zentrale des mitteleuropäischen Luxus entwickelt und das Leben gewisser Schichten eine Üppigkeit angenommen, die in der ganzen Welt als beispiellos besprochen wurde. Die breiten Massen der Wiener Bevölkerung aber, nicht nur die Arbeiter, sondern auch das mittlere Bürgertum, hatten zähneknirschend gesehen, wie sich die fremden Elemente, vor allem die Juden aus Galizien, Rumänien und Ungarn, als Herren Wiens aufspielten, mit dem für sie fast wertlosen österreichischen Geld um sich warfen, Champagner tranken, wo der kleine Mann kaum noch das Glas Bier zahlen konnte, ihre Weiber mit Perlen und Pelzen behängten, während die wirklich gute Gesellschaft den alten Familienschmuck stückweise verkaufen mußte, in prachtvollen Luxusautomobilen durch die Straßen rasten, den bodenständigen Wienern die Wohnungen wegnahmen und mit ihrem lärmenden protzigen Gehaben die alte kultivierte Stadt erfüllten.

Als die Juden fortgetrieben waren, änderte sich das alles von Tag zu Tag auf das gründlichste. Der sinnbetörende Luxus verschwand, der Wiener Ausverkauf stockte, man mußte sich nicht mehr anstellen, um einen Platz im Opernhaus zu ergattern, das Leben wurde stiller, solider, einfacher. Bis es sich zeigte, daß eine Stadt wie Wien ohne Luxus nicht leben kann. Zuerst hatten die christlichen Geschäftsleute, die die Kaufläden der Juden übernahmen, sich auch deren Automobile bemächtigt, es schien der Wohlstand derselbe geblieben zu sein und nur eine Umgruppierung erfahren zu haben, und der Jubel, mit dem die Wiener es begrüßten, daß sie nicht bei jedem Schritt auf jüdische Schieber stoßen mußten, war ebenso ehrlich als begreiflich. Als dann aber bald die Krone wieder ins Uferlose fiel und die Teuerung neue Wellen zog, als alles das, was eben auf äußersten Luxus eingestellt war, wie die vornehmen Geschäfte, die Kabaretts, die Theater, die fürstlichen Restaurants und Bars, einging, als die Arbeitslosigkeit um sich griff und der Export nach dem Ausland immer geringer wurde, da begann auch das äußere Leben flügellahm zu werden. Die Zehntausende von Automobilen, die aus jüdischen Händen in christliche übergegangen waren, wurden für eine Handvoll Lire oder Francs ins Ausland verkauft, weil bei dem schlechten Geschäftsgang das Benzin unerschwinglich wurde, die Kunsthändler klagten über völlige Geschäftslosigkeit, das Defizit der Staatstheater wuchs riesenhaft, christliche Künstler und Gelehrte von Ruf, vor allem aber die großen Ärzte, zogen ins Ausland, weil das Inland ihnen nicht mehr die Honorare bezahlen konnte und wollte, die sie von den jüdischen Zeiten her gewohnt waren.

Und unaufhaltsam griffen Mißmut, Unzufriedenheit und die Erkenntnis, auf einer abschüssigen Bahn zu gehen, um sich.

8. Kapitel
Die lieben süßen Mädeln

Unter den lieben Wiener Mädeln herrschte Unzufriedenheit. Instinktiv, im Unterbewußtsein, empfanden sie, daß die hohe und große Politik der Regierung zum nicht unbedeutenden Teil auf ihre Kosten gemacht worden war. Seit einem halben Jahrhundert hatte es sich eingebürgert, daß das hübsche Wiener Mädel aus den kleinen Bürgerkreisen einen Schatz besaß, der Jude war. Mochte der Vater begeisterter Christlichsozialer, der Bruder ebenso begeisterter Deutschnationaler sein – die Poldi oder Fini, die Mitzi oder Grete „ging" mit einem Juden, der Kommis oder Bankbeamter, Geschäftsmann oder Student war. Von ihren Freundinnen, die keinen Juden hatten, wurde sie deshalb oft gestichelt und gehöhnt, immer aber auch beneidet. Denn einen Juden zum Geliebten haben, das bedeutete ins Theater und feine Kaffeehäuser geführt, gut behandelt, freigebig bedacht werden.

Einen Juden aber gar zu heiraten, das galt als Haupttreffer, als Garantie für Wohlstand, Pelzmantel und schöne Kleider.

Fragte man die Poldi oder Tini, woher diese Vorliebe für einen jüdischen Schatz, so pflegte man immer dieselbe Antwort zu bekommen:

„Ein Jud ist immer nobel und wenn er eine Christin heiratet, so trägt er sie auf den Händen. Und dann besaufen sie sich nicht. Früher bin ich einmal mit einem Christen gegangen und da hab' ich am Sonntag immer Todesängste ausgestanden, daß er wieder einen Rausch kriegen und Skandal machen wird. Jetzt, wo ich einen jüdischen Freund habe, gehen wir immer in noble Lokale, er trinkt fast nichts, er ist g'scheit, weiß so viele Sachen zu erzählen und wird niemals grob."

Wenn die süßen Mädeln aber ganz unter sich und sehr miteinander befreundet waren, wenn sie ihre erotischen Erlebnisse und Erfahrungen austauschten, dann erzählten sie von der Sinnlichkeit der Juden und der Vielfältigkeit ihrer erotischen Neigungen im Gegensatz zu ihren gut christlichen, sehr braven, aber weitaus weniger amüsanten arischen Freunden...

Möglich, wahrscheinlich sogar, daß der Antisemitismus bei der männlichen Bevölkerung Wiens im Laufe der Jahrzehnte so stark, so fanatisch geworden war, weil es der Jüngling mit dem Hakenkreuz sah und nicht verwinden konnte, wie ihm die jüdische Konkurrenz die hübschen Mädeln wegschnappte!

Und nun war das alles anders geworden, gab es diese jüdische Konkurrenz nicht mehr, war das Wiener Mädel ganz und gar auf seine Rassegenossen angewiesen. Was sich aber nicht verhindern und verbieten ließ, war der Vergleich und die Erinnerung.

Die Mädeln in den Kontoren und Bureaus, den Nähstuben und Fabriken verstanden wenig von Politik, mehr vom praktischen Leben. Und der jüdische junge Mann begann ihnen sehr zu fehlen. Anfangs hatte sie der allgemeine Begeisterungsrausch mitgerissen, dann als der Katzenjammer eintrat, fanden sie ihr Leben noch armseliger und leerer als früher. Sie begannen sich nach ihrem ausgewiesenen Schatz zu sehnen, die guten Eigenschaften der Juden als Liebhaber wurden in der Erinnerung übertrieben, den christlichen Nachfolgern unter die Nase gerieben, immer wieder der Vergleich gezogen, der zu ungunsten der Herrschenden ausfiel.

Die „Arbeiter-Zeitung“ schilderte einmal eine charakteristische Szene, die ein Berichterstatter im Gartenwirtshaus eines Ausflugsortes beobachtet hatte.

Ein bildhübsches junges Ding war aus irgendwelchen Gründen mit ihrem Begleiter in Streit geraten, in dessen Verlauf er ihr zurief:

„Wärst halt mit deinem Juden ausgewandert!“

Worauf das Mädchen sich die Tränen aus den Augen wischte und laut erwiderte:

„Hätt' ich es nur getan! Ich bin nicht die einzige, die einen jüdischen Freund gehabt hat und jeder tut es leid, daß sie ihn nicht mehr hat! Was haben wir denn von euch? Euer Geld tut's ihr vertrinken und verspielen, und wir müssen uns unsere paar Fetzen von unserem eigenen Geld kaufen! Und keiner von euch ist so nett zu uns, wie es mein Fritz gewesen war und der Rudi von der Trudl und sein Freund, der Karl, der mit der Liesl gegangen ist. Da haben wir uns nicht bücken dürfen und nichts tragen und immer haben sie uns das Schönste und Beste gekauft und wenn wir mit ihnen ausgegangen sind, haben sie uns nicht in solche ekelhafte Beiseln geführt, sondern zu Hopfner oder ins Opernrestaurant und nachher in ein feines Kaffeehaus mit Musik und schön angezogenen Menschen. Na – und von wegen der Liebe – also, darüber soll man net reden, aber so ein Jud' hat schon gewußt, wie er mit seinem Mädel umgehen soll und auch in der Liebe ist er nie so ein Egoist gewesen, wie ihr Burschen, die ihr gar nicht wißt, was eine Frau braucht!“

Diese resoluten Worte riefen bei den Burschen einen Sturm der Entrüstung hervor, die Mädchen aber sahen einander schweigend an und nickten – – –

9. Kapitel
Das Ende der Hakenkreuzler

Dr. Schwertfeger hatte kurz nach der Ausweisung der Juden in einer politischen Versammlung gesagt, daß nunmehr, wo die Feinde des arischen Geistes nicht mehr in Österreich weilen, eine Annäherung der verschiedenen Parteigruppen, eine Milderung der politischen Gegensätze von selbst eintreten würde.

Es schien, als sollte er recht behalten. Die Sozialisten, durch den Ausfall der letzten Wahlen fast vernichtet, durch die Ereignisse betäubt und verwirrt, durch die Ausweisung ihrer tüchtigsten Köpfe, besten Journalisten und temperamentvollsten Führer beraubt, verhielten sich schweigend, beschlossen, vorläufig nicht aus ihrer aufgezwungenen Reserve herauszutreten. Und die prinzipiellen Gegensätze zwischen den Deutschnationalen und den Christlichsozialen begannen tatsächlich zu verschwinden.

Nach der Ausweisung verwandelte sich ganz Wien in ein Heerlager von Hakenkreuzlern. Fast alle Männer und Frauen, die Halberwachsenen und die Kinder trugen das Abzeichen, das man auf allen Plakaten, auf den Fahnen und Emblemen sah. Da es aber schließlich auch jeder „Pülcher" und ertappte Taschendieb trug und es in den Polizeiberichten immer wieder hieß: „Der Verhaftete trug ein Hakenkreuz", begannen die intelligenteren Menschen es abzulegen, ihnen folgten die Bürger und die großen Massen.

Sehr bald zeigte es sich, daß alle diese Parteien, die Christlichsozialen wie die Nationalsozialisten, nur darauf aufgebaut waren, daß man den Massen die Juden als bösen Geist, als Wauwau und Prügelknaben darbot. Nun, wo es weder Juden noch Judenstämmlinge in Österreich gab, verfing das nicht mehr, wurde die Parteipolitik noch öder und langweiliger, als sie es vorher gewesen war.

Elend, Teuerung, Arbeitslosigkeit wuchsen, und die Führer waren in Verlegenheit, weil sie nicht wußten, wem sie die Schuld daran geben sollten. Die reichen Leute waren ja jetzt brave Christen, die Ausbeuter und Wucherer auch, das heißt, man durfte von solchen Menschen gar nicht sprechen, weil man sonst hätte zugeben müssen, daß es christliche Wucherer und Ausbeuter genauso gibt wie jüdische.

Früher hatten die Hakenkreuzler mit ihren Plakaten Aufsehen erregt, die Massen aufgehetzt. Bosel und andere jüdische Plutokraten waren als Beherrscher Österreichs, als Blutsauger und Volksbedrücker ausgerufen worden. Nun aber lebte Bosel in London und die Plakate der Hakenkreuzler waren so inhaltlos geworden, daß sie niemand mehr las.

Die Zeitungen mit dem Hakenkreuz gingen in rascher Aufeinanderfolge ein, ihre Versammlungen blieben leer, dem Parteifonds floß kein Geld mehr zu, es ging den Führern um so schlechter, als sie nicht mehr reiche Juden schröpfen konnten, es keine jüdischen Banken mehr gab, die ihnen Geld schenkten. Und die christlich gewordenen Banken hatten das gar nicht notwendig, abgesehen davon, daß es ihnen von Tag zu Tag miserabler ging.

Nochmals machten die Führer der Hakenkreuzler einen Versuch, sich und ihre langsam sterbende Partei zu retten: In mächtigen Plakaten und Millionen Flugzetteln teilten sie der Bevölkerung mit, daß wieder nur die Juden an allem Elend der Wiener Schuld haben. Das internationale Judentum sei es, das vom Ausland seine vergifteten Pfeile nach Österreich schicke, Rache brüte, die Krone gewalttätig stürze und durch die mächtige Organisation des Freimaurertums Österreich austrockne und von dem internationalen Leben abschalte.

Drei, vier Tage lang bildeten diese „Enthüllungen" Tagesgespräch, blieben die arbeitslosen, hungernden, verzweifelten Menschen vor den Plakaten stehen und schüttelten die Fäuste. Dann zuckte man die Achseln und nannte das Ganze einen Blödsinn. Aus dem einfachen Grund, weil auch der primitivste Mensch einsah, daß Österreich solchem „Komplott" des Judentums gegenüber ganz machtlos war. Früher, ja, da konnte man berauscht und begeistert aus einer Hakenkreuzlerversammlung weg nach der Leopoldstadt in der geheimen Hoffnung marschieren, unterwegs ein wenig plündern und rauben, ein paar Juden prügeln und ein paar Fensterscheiben einschlagen zu können. Aber jetzt, wo es in der Leopoldstadt keine Juden mehr gab, wäre solche Demonstration höchst sinnlos geworden, und die früher oft sehr tolerante und gütige Polizei hätte die plündernden Demonstranten sicher einfach niedergesäbelt.

So kam es denn, daß eines Tages das Hauptorgan der Hakenkreuzler wehmütig und doch auch bissig das Ende ihres Erscheinens ankündigte und dabei die erschütternde Mitteilung machte, daß bei der letzten großen Hakenkreuzlerversammlung im Konzerthaus außer den Funktionären und den Kellnern nur zwanzig Personen erschienen waren.

Dr. Schwertfeger hatte recht behalten: Die politischen Gegensätze milderten sich, sie verschwanden beinahe ganz. Aber aus wesentlich anderen Gründen, als er geglaubt hatte. Nämlich deshalb, weil jede motorische Kraft fehlte und mit dem Auszug der Juden auch jedes politische Temperament geschwunden war.

10. Kapitel
Die billige Sommerfrische

An einem herrlichen Junitag ging Leo Strakosch als Franzose Dufresne nach dem Stadtpark, um wieder einmal Fühlung zum Wien von heute zu bekommen. Sonst verließ er den neunzehnten Bezirk kaum, da er entweder in seinem Atelier arbeitete oder aber mit Lotte ausgedehnte Spaziergänge im Wienerwald unternahm. Als er heute nun zwischen den dichtbesetzten Tischen um den Kursalon herum spazierte, war er so belustigt, daß er laut auflachte.

„Um Himmels willen, was ist aus meinem schönen eleganten Wien geworden!"

Die Mode des Alpenkleides und Touristenanzuges schien allgemein geworden zu sein; so weit das Auge reichte, sah er alte und junge Herren in Loden, Kniehosen und mit dem grünen Steirerhütl auf dem Kopf. Und die Damen! Die Mehrzahl trug Dirndlkostüme, die ja im freien Gelände sehr nett und anmutend wirken, hier aber wie Karikaturen, wie schlechte Witze erschienen. Man war eben sehr bescheiden geworden, und vor allem bildete man ja eine einzige große Familie, war unter sich und hatte es nicht notwendig, sich „herzurichten".

Hie und da sah man auch noch elegant gekleidete Damen und Herren; sie fielen aber auf, man konnte von den Älplertischen bissige Bemerkungen über sie hören, und Strakosch wurde es fast unheimlich zumute, als er sah, wie ihn dieses oder jenes „Dirndl" durch ein Lorgnon anstierte, wahrscheinlich nur deshalb, weil sein dunkelblauer Anzug, die Lackstiefel und die kostbare Seidenkrawatte auffielen.

Die elektrische Straßenbahn, städtische Musik und Dirndln, die ein Lorgnon tragen – Leo schüttelte sich. Er eilte aus dem Stadtpark fort über die Ringstraße, fand auch das Bild, das die Kaffeehäuser boten, trostlos, grinste, als er wahrnahm, daß die meisten Leute einander mit „Heil" begrüßten und mußte lange suchen, bis er ein Autotaxi fand. Denn auch diese Mietwagen waren ein Luxus geworden, der so wenig Benützer hatte, daß die meisten ihr Geschäft aufgaben.

Spät abends, als die Sonne schon langsam unterging, traf er Lotte verabredetermaßen am Rande des Kobenzlwaldes. Sie ließen sich auf einer Bank nieder, und nachdem sie sich sattgeküßt, erzählte Lotte, daß ihre Eltern beschlossen hatten, schon in der nächsten Woche nach ihrer kleinen Villa am Wolfgangsee zu übersiedeln.

„Was soll nun aus uns werden", klagte Lotte, „wie soll ich es ertragen, dich den ganzen Sommer nicht zu sehen?"

„Davon kann auch keine Rede sein, Lieb. Ich werde eben auch ausspannen, und wenn du in St. Gilgen bist, werde ich in Wolfgang wohnen und jeden Tag wirst du herüberkommen und wir werden wenigstens eine Stunde beisammen sein."

„Hm", meinte Lotte vergnügt, „das läßt sich ja hören! Aber jetzt muß ich dir auch sagen, daß ich gestern eine Auseinandersetzung mit Papa hatte. Stelle dir nur vor, plötzlich sah mich Papa scharf an und sagte sehr ernst: Lotte, wo treibst du dich eigentlich neuerdings immer stundenlang allein herum? Du weißt, wir lassen dir alle mögliche Freiheit, aber was zu viel ist, ist zu viel! Also, ich fühlte, wie ich blutrot wurde und dachte, das beste ist, ich beichte."

„Was", unterbrach sie Leo entsetzt, „du hast deinem Vater erzählt...?"

„Ausreden lassen, Aff„, lachte Lotte und zwickte ihn in das Ohr. „Ich beichtete also, aber natürlich nur das, was mir paßte. Ich sagte dem Papa, daß ich bei der Erna einen sehr feinen jungen Mann kennengelernt habe, den ich ebenso gut leiden mag, wie er mich und daß ich ihn oft treffe, um mit ihm spazierenzugehen. Er sei ein Franzose, namens Henry Dufresne, der hier große Geschäfte mache.

Der Papa war zuerst ganz sprachlos, dann fragte er mich, warum ich den Franzosen nicht zu uns einlade. Darauf erwiderte ich, daß ich meiner Gefühle noch nicht sicher sei und deshalb der Sache keinen offiziellen Anstrich geben wolle. Und zum Schlusse meinte ich ganz empört:

Papa, du weißt doch, daß du dich auf mich verlassen kannst! Ich tue sicher nichts Unrechtes, und wenn ich es für gut und notwendig halten werde, so wird Henry schon zu euch kommen! jetzt aber laßt mich meine Wege allein gehen.

Papa war darauf sehr lieb und nett und Mama auch, und später hörte ich, wie der Papa der Mama sagte: ›Ich hätte nicht gedacht, daß Lotte den armen Leo so rasch und gründlich vergessen würde. Aber ich bin sehr glücklich darüber, daß sie eine neue Neigung gefaßt hat und wir wollen ihr nichts in den Weg legen.‹

Und Mama, die dich doch so gerne hat, meinte kopfschüttelnd: ›Ich versteh' das Mädel gar nicht! Sie hat wirklich schon wieder rote Wangen bekommen und trällert den ganzen Tag umher, als wäre ihr nie ein Herzleid widerfahren.‹

Weißt du, Leo, es ist sicher nicht schön von uns, daß wir meine Eltern so an der Nase herumführen, aber ich bin ja so glücklich, daß du hier in Wien bist!"

Leo zog Lotte an sich, küßte sie gründlich ab und sagte dann mit wichtiger Miene:

„Jetzt gehen wir aufs Land, und wenn ich dann wieder hier bin, dann werde ich die ganze Stadt an der Nase herumzerren, aber tüchtig, sage ich dir! Mehr kann ich dir heute noch nicht verraten, aber du wirst deine Wunder erleben!"

Dieser Sommer tröstete die Wiener zum zweitenmal für das viele Ungemach und die argen Enttäuschungen, die sie erleben mußten. Gerade die schönsten Plätze und Orte in dem klein gewordenen Österreich waren in den früheren Jahren zum Pachtgut der Juden geworden. Das ganze herrliche Salzkammergut, das Semmeringgebiet, sogar Tirol, soweit es einigen Komfort bot, waren von österreichischen, tschechoslowakischen und ungarischen Juden überflutet gewesen; in Ischl, Gmunden, Wolfgang, Gilgen, Strobl, am Attersee und in Aussee erregte es direkt Aufsehen, wenn Leute auftauchten, die im Verdacht standen, Arier zu sein. Die christliche Bevölkerung, zum Teil weniger im Überfluß schwelgend, zum Teil auch großen Geldausgaben konservativer gegenüberstehend, fühlte sich nicht ohne Unrecht verdrängt und mußte mit den billigeren, aber auch weniger schönen Gegenden in Niederösterreich, Steiermark oder in entlegenen Tiroler Dörfern vorliebnehmen. Das war seit der Judenvertreibung anders geworden. Es gab in den schönsten Sommerfrischen keine Überfüllung, die Städter bekamen auf ihre Nachfragen höfliche und eilige Antworten, und trotz der sonstigen Teuerung waren die Wohnungs- und Zimmerpreise erheblich billiger als vor zwei Jahren. Und so schwärmte denn alles, was Geld und Zeit hatte, in jene Gegenden, die dem bodenständigen Wiener früher verleidet worden waren.

Die Besitzer der großen Etablissements, Kuranstalten und sogenannten Sanatorien schnitten allerdings sauere Mienen. Sie hatten immer von dem internationalen Judentum gelebt, ihr ganzer Betrieb war auf jene Menschen eingestellt, die nicht rechnen, wenn es sich um ihre Behaglichkeit handelt, und nun fanden sie, da sie auch bei gutem Willen nicht billig sein konnten, nicht genügend Gäste. Die großen Semmeringhotels eröffneten ihre Betriebe überhaupt nicht mehr und viele Hotels im Salzkammergut und Tirol sahen sich mitten im Sommer genötigt, zu sperren und ihr Personal zu entlassen. Das war ein Wermuttropfen im Becher der Freude und machte böses Blut unter der Landbevölkerung, die gewohnt war, ihre Produkte zu enormen Preisen den großen Hotels zu verkaufen und ihre Töchter und Söhne im Sommer ein schweres Stück Geld als Stubenmädchen und Hausdiener verdienen zu lassen.

Der Bürgermeister von Semmering hatte den Mut, es in einer Gemeinderatssitzung offen herauszusagen:

„Mit den Juden hat man bei uns den Wohlstand vertrieben, ein paar Jahre noch und wir werden zwar gute Christen, aber bettelarm sein!"

11. Kapitel
Eine erregte Debatte

Als der Sommer vorüber war und der Herbst die Blätter färbte, begann in fast schon gewohnter Weise die Krone neuerlich zu fallen und die Teuerung anzusteigen. Die Preise wurden phantastisch, selbst reiche Leute scheuten die Anschaffung eines neuen Kleidungsstückes, die Arbeiter, die Angestellten, ja auch die Arbeitslosen stellten neue Forderungen, eine Fahrt auf der Straßenbahn kostete schon zehntausend Kronen und ein Kilogramm Butter zweihunderttausend.

Unter allgemeiner Verbitterung, Nervosität und Unruhe trat im Oktober die Nationalversammlung zusammen, und das Gesicht des Kanzlers Dr. Schwertfeger sah zerklüftet, durchfurcht, vergrämt aus. Als er sprach, herrschte nicht jene weihevolle Ruhe wie früher, sondern es wurden Rufe, Zwischenbemerkungen laut, sogar die Galerie machte sich durch „Oho"-Rufe bemerkbar, und die kleine Opposition der Sozialdemokraten ließ sich nicht mehr einschüchtern, sondern griff immer wieder in die Debatte ein.

Schwertfeger gab einen Überblick über die trostlose finanzielle Lage des Landes und fuhr dann fort:

„Ich muß es rund heraussagen: Große und schwere Opfer stehen der christlichen Bevölkerung Österreichs bevor. (Zwischenruf von der Galerie: Natürlich nur den Christen, da wir ja die Juden hinausgeschmissen haben!) Opfer, die mit Mannesmut und Bürgertreue geleistet werden müssen! Die Regierung braucht zur Fortführung der Geschäfte Geld, und da wir vom Auslande keine weiteren Kredite bekommen können, müssen wir die Unsummen, die die Verwaltung, die Verzinsung der Schulden und die Unterstützung der Arbeitslosen verschlingt, durch neue Steuern, direkte und indirekte, hereinbringen. (Große Unruhe im ganzen Hause.)

Meine Herren und Damen, ich weiß, daß die Bevölkerung schwer enttäuscht ist und ich bin es mit ihr. Wir alle haben eben die Schwierigkeiten der Übergangswirtschaft unterschätzt, wir alle dachten, daß die christlichen Bürger sich besser auf die Beherrschung der Finanzen und des Geschäftslebens einstellen würden, die ganz in Händen der Juden waren. Aber was sind solche Enttäuschungen gegenüber dem ungeheuren Ziel, das wir uns gesteckt haben, dem Ziel, Österreich seiner arischen Bevölkerung wiederzugeben, ein Land aufzurichten, das frei von Wuchergeist, frei von jüdischem Skeptizismus, frei von jenen zersetzenden Eigenschaften und Elementen ist, die das Judentum repräsentieren!"

Zum Schluß stellte der Kanzler mit erhobener Stimme die Vertrauensfrage.

Im Namen der kleinen sozialistischen Fraktion sprach Dr. Wolters gegen die Kreditgewährung, gegen die Gutheißung der Regierungspläne, gegen das Vertrauensvotum. In krassen Farben schilderte er die zunehmende Verelendung, die Gefahr des unmittelbar bevorstehenden Staatsbankerottes, die Verödung des wirtschaftlichen und geistigen Lebens. Er sagte unter anderem:

„Der Herr Bundeskanzler hat vor mehr als zwei Jahren, als er sein Antijudengesetz begründete, unsere Bevölkerung bieder, einfältig und ehrlich genannt und behauptet, daß sie der Konkurrenz der überlegenen Juden nicht gewachsen sei. Er hat nur eines übersehen: Daß wir biederen, ehrlichen und einfachen Österreicher auch ohne Juden von Völkern umgeben sein werden, die uns jetzt, wo wir die Juden nicht mehr haben, erst recht überlegen sind. Wo ist der mitteleuropäische Handel hingekommen, seitdem die Juden weg sind? Wir haben ihn verloren, denn die Juden haben ihn nach Prag und Budapest mitgenommen. Was ist aus der blühenden Konfektions-, Galanterie- und Mode-Industrie geworden? Sie ist fast spurlos verschwunden, weil sie von der Biederkeit und Ehrlichkeit allein nicht leben kann, sondern den jüdischen Konsumenten aus aller Herren Ländern braucht, der das leicht verdiente Geld auch leicht wieder ausgibt. Heute zeigt es sich, daß wir der Juden nicht entraten können – –."

Stürmische Rufe unterbrachen den sozialistischen Führer. Die Christlichsozialen und Deutschnationalen tobten, schrien „Hinaus mit dem gekauften Judenknecht“ und der Tumult wurde so groß, daß der Präsident, der Tiroler mit dem roten Bart, die Sitzung unterbrechen mußte. Als er sie wieder eröffnete, erteilte er dem Doktor Wolters eine Rüge, weil er durch seine Worte das christliche Gefühl der Abgeordneten schwer verletzt und den Versuch gemacht habe, die Grundfesten des neuen Staates zu erschüttern.

Schließlich wurden alle Regierungsanträge gegen die Stimmen der Sozialisten angenommen. Aber viele Abgeordnete hatten sich vor der Abstimmung entfernt und Schwertfeger sagte später seinem Präsidialisten mit grimmigem Lächeln:

„Diesmal sind sie davongelaufen, das nächstemal werden sie gegen mich stimmen, die Erfolghascher, Konjunkturisten, die gestern Hosianna schrien und morgen crucifige rufen werden!“

12. Kapitel
Der Bund wahrhaftiger Christen

Seltsame, mysteriöse Dinge ereigneten sich. Eines Morgens standen am Schottentor vor einer Litfaßsäule, desgleichen vor der Oper, am Stubenring und an anderen Plätzen Hunderte von Männern und Frauen vor kleinen, mit einem Reißnagel befestigten Plakaten im Oktavformat, die folgende Inschriften enthielten:

> „Wiener, Österreicher! Rafft Euch auf, bevor Ihr alle zugrunde gegangen seid! Mit den Juden habt Ihr den Wohlstand, die Hoffnung, die Zukunftsmöglichkeit ausgewiesen! Fluch den Volksverführern, die Euch irregeleitet haben!
>
> Der Bund wahrhaftiger Christen.“

Die Menschen lasen einander die frechen Worte vor, viele schimpften und behaupteten, daß Freimaurer das getan haben mußten, andere entfernten sich wortlos, wieder andere hatten den Mut, zustimmende Äußerungen zu tun und die Anderssprechenden trotzig anzusehen.

Nach einigen Tagen erschienen an verschiedenen Plätzen neue Plakate mit den Worten:

> „Wien verdorft! Wiener, seht Ihr es denn nicht? Noch ein paar Jahre und aus der alten ehemaligen Kaiserstadt wird ein schäbiges, vergessenes Nest geworden sein!“

Das ging den Leuten, die nun den Inhalt des Plakates auch aus der „Arbeiter-Zeitung“ vernahmen, auf die Nerven, allenthalben wurde man unruhig. War nicht etwas Wahres an dieser neuen Behauptung des mysteriösen Bundes wahrhaftiger Christen? Leidenschaftliche Diskussionen wurden darüber in Versammlungen, im Wirtshaus, in der Straßenbahn geführt, aber das Wort von der Verdorfung Wiens blieb irgendwie in der Luft hängen, wurde geflügelt, man bekam es überall zu hören, ja sogar die christliche „Weltpresse“ schrieb am Schluß eines Leitartikels ganz unwillkürlich: „Wir müssen alles tun, um der Verdorfung zu entgehen!“

Die Polizei wurde von der erbosten Regierung aufgefordert, den Übeltäter aufzuspüren, der die Plakate anschlug. Vergebliche Mühe! Alle paar Tage kamen neue zum Vorschein, immer an anderen Plätzen, an Haustoren, Kirchenportalen, ja einmal hing je eines an den Toren des Kanzlerpalais, des Polizeipräsidiums und des Parlamentes. Und immer enthielt das kleine Plakat in wenigen Worten eine wirksame Polemik gegen die Regierung, eine suggestive Aufhetzung der Bevölkerung. Die „Arbeiter-Zeitung“ war jedesmal in der Lage, schon in ihrer Morgenausgabe den Inhalt des Pamphlets, das heute angeschlagen werden würde, zu veröffentlichen, weil ihr ein Exemplar schon am Tage vorher mit der Post gebracht wurde.

Schließlich geriet ganz Wien in Aufregung, man sprach fast von nichts anderem, zerbrach sich den Kopf darüber, wer hinter diesem geheimnisvollen Bund wohl stecken möge, die Zahl derer, die dem Inhalte der kleinen Aufrufe zustimmten, wuchs von Woche zu Woche, die sozialdemokratischen Versammlungen bekamen wieder einen ungeheuren Zulauf und der Nimbus des Kanzlers sank ersichtlich.

Lotte war eines Nachmittags früher zu Leo gekommen, als er sie erwartet hatte. Da sie einen eigenen Schlüssel zu der Wohnung besaß und Leo sie nicht wie sonst im Wohnzimmer erwartete, ging sie direkt in das Atelier. Leo warf rasch ein Tuch über einen kleinen Holztisch und begrüßte sie dann ein wenig verlegen.

Lotte zog ihn beim Knebelbärtchen, sah ihm in die braunen Augen und sagte dann:

„Du, Leo, du hast da soeben etwas vor mir verbergen wollen! Was befindet sich dort unter dem Tuch?“

Leo lachte herzlich.

„Mädel, du hast Augen wie ein Luchs! Also, dann will ich dir mein Geheimnis eben schon heute anvertrauen.“

Er zog das Tuch fort und Lotte erblickte neben einem Typenkasten und einer Miniatur-Handpresse einen Stoß frisch gedruckter Zettel. Erstaunt las sie:

> „Wiener, geht es Euch heute besser oder schlechter als zur Zeit der Juden? Überlegt in Ruhe und Ihr werdet Euch die richtige Antwort geben! Wir alle haben einst geschrien: ›Hinaus mit den Juden!‹ So schreien wir heute: ›Herein mit jenen Juden, die ehrlich und treu mit uns arbeiten wollen.‹
>
> Der Bund der wahrhaftigen Christen.“

Verblüfft, verwirrt, verständnislos ließ Lotte das Papier fallen und ergriff einen anderen Zettel, auf dem gedruckt stand:

„Wir sehnen uns nicht nach den jüdischen Bankiers. Aber die intelligenten, klugen, wertvollen Juden müssen wir mit offenen Armen aufnehmen, wenn wir nicht rettungslos verelenden wollen! Auf zur Tat, bevor es zu spät ist!

Der Bund der wahrhaftigen Christen."

Fragend sah Lotte ihren Bräutigam an.

Dieser hob sie zu sich empor, küßte sie auf die Nasenspitze und lachte wieder aus vollem Halse.

„Na, Tschapperl, verstehst du noch immer nicht? Der Bund der wahrhaftigen Christen, der seit Wochen Wien verrückt macht, bin ich! Und ich werde nicht aufhören, bevor nicht der große Wirbel eingetreten ist. Die zwei neuen Plakate werden wirken, sag' ich dir! Das sind meine Gas-, Stink- und Leuchtbomben, mit denen ich töte, ersticke und erleuchte."

Lotte zitterte.

„Leo, wenn du dabei erwischt wirst, so ist es um dich geschehen!"

„Wenn, wenn! Aber man wird nicht! Ich habe eine wunderbare Technik beim Befestigen der Zettel! Ich schlendere morgens an einem Tor oder einer Wand vorbei, und im Gehen, ohne auch nur eine Sekunde mich aufzuhalten, treibe ich den Nagel ein, an dem der Zettel schon hängt! Und selbst, wenn die Polizei die Zettel wenige Minuten später wieder abreißt, so schadet das nicht, weil die „Arbeiter-Zeitung" den Inhalt schon abgedruckt hat. Verlaß dich auf mich, mein Lieb, es muß das geschehen, ich gehe einen genau vorgezeichneten Weg und nehme mich ohnedies höllisch in acht."

Lotte saß auf dem großen Zeichentisch, baumelte mit den schlanken Beinen und sagte nachdenklich:

„Weißt du, Leo, du hast schon sehr viel erreicht, glaube ich. Gestern war bei uns größere Gesellschaft. Zehn Herren und Damen waren da und es wurde fast ununterbrochen von der Judenausweisung und ihren Folgen gesprochen. Und alle, darunter auch der Hofrat Tumpel, waren darin einig, daß man sich mit der Ausweisung eines Teiles der Ostjuden, und zwar jenes Teiles, der eine anständige Beschäftigung nicht nachweist, hätte begnügen müssen. Hofrat Tumpel, der vor einem Jahr noch wütend wurde, wenn man mit dem Bundeskanzler nicht ganz einverstanden war, sagte schließlich:

›Ja, ja, es scheint, als wenn man da in einen höchst komplizierten Mechanismus allzu brutal eingegriffen hätte! Gewisse nicht zu unterschätzende jüdische Eigenschaften fehlen uns ganz bedenklich!‹

Dazu ist allerdings zu bemerken, daß der Bruder des Hofrates die Buchhandlung in der Seilergasse besitzt, die sich nur mit dem Vertrieb von Luxusbüchern und Kunstdrucken befaßt. Seit die Juden weg sind, macht er gar keine Geschäfte mehr und sein Bruder, der Hofrat, hat schon zweimal große Summen opfern müssen, um ihn vor dem Bankerott zu bewahren. Und noch etwas, Leo: Ich halte doch immer, in der Früh, wenn ich einkaufe, und im Konzert und in der Oper und der Straßenbahn die Augen und Ohren offen. Und ich höre, wie die Leute immer mehr mit Wehmut an die Vergangenheit zurückdenken und von ihr wie von etwas sehr Schönem sprechen. ›Damals, wie die Juden noch da waren‹, das kann man täglich zehnmal in allen Tonarten, nur in keiner gehässigen, hören. Weißt du, ich glaub', die Leute bekommen ordentlich Sehnsucht nach den Juden!“

Leo preßte das kluge Mädchen an sich. „Und ich will das Meinige tun, um diese Sehnsucht unwiderstehlich zu machen.“

„Aber sei recht vorsichtig, Leo, bedenk', daß, wenn man dich umbringt, es auch mein Leben kostet!“

13. Kapitel
Traurige Weihnachten

Traurigere Weihnachten hatte Wien noch nie erlebt. Der ungeheuerlichen Teuerung stand der vollständige Stillstand des Lebens gegenüber. Die Teuerung allein hätte die guten Phäaken nicht anfechten können. Sie waren sie ja schon seit einem Dezennium gewöhnt, und ob das Viertel Wein nun zehntausend oder fünftausend Kronen kostete, war schließlich egal, wenn man genug verdiente, wenn der Arbeiter hohen Lohn bekam und der Kaufmann abends die Kasse voll mit Geld hatte. Jetzt war das aber nicht mehr der Fall. Die enormen Banknotenmassen blieben bei den Bauern liegen, in den Städten herrschte vollständige Kaufunlust, ein großer Teil der Arbeiter feierte und war auf die staatliche Unterstützung angewiesen, und in der Weihnachtsnummer veröffentlichten die Zeitungen Statistiken, aus denen hervorging, daß seit zwei Jahren allein in Wien an die fünftausend Bankfilialen, Kaffeehäuser, Restaurants und Geschäfte geschlossen hatten. Neuerdings trat ein Riesenkrach nach dem anderen in der Industrie ein. Aktiengesellschaften, die man noch vor kurzem für bombensicher gehalten hatte, erklärten sich insolvent und man sprach sogar von dem baldigen Zusammenbruch zweier Großbanken.

Was nutzte es den Wienern unter solchen Umständen, daß sie überall Platz hatten, sogar an den Weihnachtsfeiertagen die Theater nicht ausverkauft waren und man nicht mehr den aufreizenden Judennasen begegnete? Was nutzte es, daß man zur christlichen Einfachheit zurückgekehrt war und sich den Vollbart wachsen ließ, wenn die Friseurgehilfen massenhaft entlassen werden mußten, weil es keine Arbeit mehr für sie gab?

Am schlimmsten waren die Juweliere daran. Die meisten waren Juden gewesen und hatten auswandern müssen, und nun führten diese Geschäfte ehemalige kleine Uhrmacher und andere sicher sehr ehrenwerte Leute, die aber zum holländischen Edelsteinmarkt, der fast ausschließlich in jüdischen Händen liegt, keinerlei Beziehungen hatten und bei jedem Einkauf über die Ohren gehauen wurden. Schließlich hatte der Einkauf im Ausland ganz aufgehört, weil niemand mehr Schmuck wollte, wohl aber der Andrang derer, die verkaufen mußten, immer stärker wurde. Langsam, aber sicher wanderte ein großer Teil des inländischen Juwelenbesitzes in die Nachbarstaaten, nach England, Frankreich und Amerika, und auch dabei waren die Juweliere, die diesen Export betrieben, die Leidtragenden. Wenn ein Juwelier heute eine Perlenschnur für zehn Milliarden aus privatem Besitz kaufte und sie bald darauf für dreißig einem Amerikaner anhängte, so bildete er sich ein, ein glänzendes Geschäft gemacht zu haben und begoß seine Freude mit Wein, lobte den Dr. Schwertfeger und kaufte eine Fettgans, die nun nicht mehr das Privilegium der Juden war. Bevor er aber noch die schwere Gansleber verdauen hatte können, waren seine dreißig Milliarden nicht einmal die zehn wert, die er ausgegeben und er besaß kein Geld mehr zu neuen Ankäufen.

So war es wahrhaftig kein Wunder, wenn zu Weihnachten eine Welle der Erbitterung und Unzufriedenheit durch Wien ging und die Silvesternacht nicht mit Jubel und Radau wie sonst, sondern in Verdrossenheit und Mutlosigkeit gefeiert wurde.

Und wenn der Bundeskanzler das Gespräch mitangehört hätte, das in der Weihnachtswoche der Herr Habietnik, Besitzer des großen Modehauses in der Kärntnerstraße, und der Herr Mauler, Inhaber des großen Juweliergeschäftes am Graben, miteinander führten, so wäre sein Ingrimm noch größer gewesen, als er es ohnedies war.

Herr Habietnik und Herr Mauler saßen im Grabencafé und klagten beide über das elende Weihnachtsgeschäft, das den Ruin Tausender von Geschäftsleuten besiegeln mußte. Plötzlich beugte sich Herr Habietnik zu Herrn Mauler und erzählte ihm von einem Traum, den er in der vergangenen Nacht gehabt.

„Stellen Sie sich vor, Herr Mauler, i hab' g'träumt, daß plötzlich zu mir ins Geschäft lauter Juden und Jüdinnen gekommen san. Alle waren hochelegant und haben Banknotenbündel in den Händen gehalten und es ist ein Riesenwirbel entstanden. Die Madeln konnten die Pelze und Stoffe, die Mäntel und Kostüme gar nicht schnell genug herbeibringen und die ganze Modeabteilung war von Seide und Samt, von Spitzen und Stickereien gefüllt. Und nichts war den Jüdinnen gut genug und eine sehr feine, fesche jüdische Dame hat immer geschrien: ›Das ist gar nichts! Wir kommen aus Paris und Palästina, wo die neuesten Moden sind, zeigen Sie das Beste, was Sie haben.‹ Und da hat meine erste Verkäuferin plötzlich eine Barchenthose gebracht und hat gesagt: ›Aber meine verehrte gnädige Israelitin, das ist doch das Neueste aus Paris!‹ Und da ist ein furchtbares Gelächter entstanden, so daß ich aufgewacht bin! Glauben S' nicht, Herr Mauler, daß der Traum was zu bedeuten hat?"

Herr Mauler aber meinte grinsend:

„Ja, er hat zu bedeuten, daß bald die ganze Welt über uns lachen wird und wir uns in Flanell und Barchent einwickeln werden, bevor wir begraben werden. Aber das eine weiß ich, Herr Habietnik, wenn so plötzlich vor meinem Laden ein Automobil vorfahren würde mit einem jüdischen Ehepaar, so tät ich sie beide abküssen und hätt' noch einmal eine Freude am Leben! Wissen Sie, Herr Habietnik, wie ich früher noch Kommis beim Herrn Zwirner war, der mein Geschäft gehabt hat, da hab' ich mir oft gedacht, daß es eigentlich eine Schand' ist, daß fast nur die Juden Geld genug haben, um Brillanten und Perlen zu kaufen. Und einmal habe ich das auch laut gesagt. Da hat mich der Herr Zwirner angelacht und gesagt: ›Herr Mauler, sei'n Sie kein Narr, sondern froh darüber, daß die Juden kaufen und das Geld unter die Leute bringen. Oder möchten Sie es lieber haben, daß auch die Juden ihr Geld vergraben und verstecken wie die Bauern? Sie werden sehen, wenn das mit dem Antisemitismus so weitergeht, so werden die reichen Juden auswandern und dann können die Geschäftsleute sperren!‹

Na und jetzt sind nicht nur die reichen, sondern auch die armen Juden ausgewandert und wir sind richtig alle kapores!"

14. Kapitel
Eine aufhetzende Rede

Bei Spineders war der Heilige Abend in der gewohnten patriarchalischen Weise gefeiert worden. Die Stimmung war aber nicht die beste. Der Hofrat begann ernstliche Sorgen materieller Art zu haben, die ihm die Entwertung seines Vermögens bereitete; Frau Spineder konnte sich noch immer von dem Schrecken nicht erholen, den ihr die Tatsache eingejagt, daß sie für den Weihnachtskarpfen eine Viertelmillion und für die Weihnachtsgans drei Millionen hatte zahlen müssen, und Lotte war unruhig, weil sie ohne Nachricht von Leo war und doch gehofft hatte, daß er sich irgendwie wenigstens mit einem Glückwunsch melden würde.

Gerade als mit Andacht der kostbare Fisch verzehrt wurde, läutete die Haustorglocke und das Stubenmädchen meldete, ein Mann sei da, der dem gnädigen Fräulein etwas persönlich zu überbringen habe. Lotte stürzte hinaus, und der in einen Pelz gehüllte Mann, der ihr etwas zu übergeben hatte, küßte sie im dunklen Hausflur wie verrückt ab, um ihr dann ein winziges Päckchen in die Hand zu drücken und eilends wieder zu verschwinden.

Im Speisezimmer wickelte Lotte das kleine Paket aus und entnahm einem Lederetui einen Ring mit einer köstlichen, haselnußgroßen Perle.

„Ein Weihnachtsgeschenk von Herrn Henry Dufresne", sagte Lotte, die purpurrot geworden war, und ein unendliches Glücksgefühl durchströmte ihr junges Herz, als sie den Ring über den Finger zog.

Der Hofrat aber war betreten und erklärte kategorisch:

„Lotte, nun aber muß dieser Herr Dufresne sich uns doch endlich vorstellen und um deine Hand anhalten. Denn ein solcher Ring, den man einem Mädchen schenkt, ist einfach ein Verlobungsring."

Lachend küßte Lotte ihren Vater.

„Habt noch ein wenig Geduld! Leo – Henry sagt, daß er sehr bald zu euch kommen werde."

Die Mama aber schüttelte wieder den Kopf und dachte:

„Seltsame Zeiten, seltsame Jugend! Liebt einen, vergißt ihn und verwechselt dann seinen Namen mit dem des Nachfolgers!"

Im Jänner vereinigten sich mehrere große Konsumentenorganisationen zu einer Massenversammlung in der Volkshalle des Rathauses unter der Devise: „Wir können nicht weiter!"

Zehntausende von Menschen waren der Einladung gefolgt und trotz der außerordentlichen Kälte standen vor dem Rathause ungeheure Menschenmassen, die in der Volkshalle nicht mehr Platz gefunden hatten.

Die Versammlung bot ein merkwürdiges Bild. Leo Strakosch, der sich ebenfalls eingefunden hatte, konstatierte, noch niemals so viele vollbärtige Männer gesehen und noch nie so viele Heilrufe gehört zu haben. Eine andere Staffage und man hätte an eine Tiroler Bauernversammlung zur Zeit des Andreas Hofer denken können. Auch Weiblichkeit war massenhaft vertreten, aber wahrhaftig nicht die lieblichste, die Wien aufzuweisen hat. Unter allgemeinem Heilgebrüll eröffnete der Apotheker Doktor Njedestjenski die Versammlung mit der Feststellung, daß es so nicht weitergehen könne. Er vermied es sorgfältig, die Notlage und Teuerung mit der Judenausweisung in Zusammenhang zu bringen, sondern gab sich höchst deutschnational und behauptete, nur die Tatsache, daß Österreich sich nicht an Deutschland anschließen könne, sei schuld an dem jammervollen Niedergang Wiens. Worauf ein Arbeiter unter schallender Heiterkeit dazwischen rief:

„Wir können uns ja gar nicht mehr anschließen, oder glauben Sie, daß die Deutschen auch solche Trotteln wie wir sind und ihre Juden hinausschmeißen werden?"

Das brachte den Apotheker aus dem Konzept, er stammelte noch etwas von deutscher Einheit und deutschem Volksbewußtsein, schrie „Heil", und gab den Rednern das Wort. Worauf fast nur mehr über die Juden gesprochen wurde. Und zwar so, daß ein Unkundiger hätte glauben müssen, Wien sei die judenfreundlichste Stadt der Welt. Als ein

Weinhändler antisemitische Töne anschlug, wurde er direkt niedergeschrien und ein Zwischenruf. „Hätten wir lieber von den Juden gelernt, als sie hinauszujagen!“ fand großen Beifall. Leo konnte sich nicht länger beherrschen. Mt bedenklichem Herzklopfen meldete er sich bei dem Vorsitzenden zum Wort und bestieg die Rednertribüne, während er dachte: Nun, Frechheit, steh mir bei! Er tat, als würde er die deutsche Sprache nur unvollkommen beherrschen, betonte immer wieder, daß er als Franzose eigentlich nicht befugt sei, sich in die Angelegenheit Österreichs zu mischen, aber von Wohlwollen für diese unvergleichlich schöne und liebreizende Stadt, der schönsten nach oder mit Paris, erfüllt, doch nicht umhin könne, seiner Meinung Ausdruck zu geben. Worauf die anwesenden Vollbärte geschmeichelt und die Frauen, von dem schlanken, hübschen Mann trotz des Knebelbartes entzückt „Heil!“ schrien. Und dann fuhr Leo mit französischem Akzent fort:

„Auch wir in Paris haben sehr viele Juden, gute und schlechte, wertvolle und schädliche. Jedenfalls sind viele darunter, die alle Hochachtung verdienen und dem Land von großem Nutzen sind. Niemandem aber würde es bei uns einfallen, die Juden ausweisen zu wollen, sondern jeder versucht, ihre guten Eigenschaften auszunützen. Ich bin hier nicht zu Hause und kenne daher die Wiener Juden nicht so genau, kann aber sagen, daß ich in Paris mit sehr vielen aus Wien Ausgewiesenen verkehrt habe, die einen vortrefflichen Eindruck gemacht haben und sicher sehr bald gute Franzosen sein werden. Es ist möglich, daß zwischen den österreichischen Christen und den Juden ein größerer Unterschied ist, als zwischen den leichtbeweglichen und temperamentvollen Franzosen und den Juden. Aber gerade deshalb müßte doch eine gute Ergänzung möglich sein. Ich höre, daß man den Juden hierzulande den Vorwurf gemacht hat, das Kapital zu beherrschen und relativ mehr Geld zu besitzen als die christlichen Bürger. Ja, meine Verehrten, daraus geht doch nur hervor, daß sie rascher im Denken und Handeln sind, und eine kluge Regierung müßte solche Eigenschaften für die Allgemeinheit zu benutzen verstehen.“

Stürmische Zurufe von allen Seiten: „Jawohl, eine gescheite Regierung, aber wir haben eben eine blöde! Recht hat er! Heil! Heil!“

„Meine Verehrten“, sagte Leo lächelnd, „ob einem die Juden sympathisch sind oder nicht, ist eigentlich gleichgültig. Der Sauerteig, der dem Brotmehl beigegeben wird, schmeckt an sich recht abscheulich und doch kann ohne ihn kein Brot gemacht werden. So müßte man auch die Juden betrachten. Sauerteig, an sich wenig erfreulich und in zu großen Quantitäten schädlich, aber in der richtigen Mischung unentbehrlich für das tägliche Brot. Und ich glaube, daß Ihr Brot sitzen bleibt, weil ihm der Sauerteig fehlt!

Nun heißt es aber nicht räsonieren und das, was geschehen ist, beklagen, sondern zusehen, wie Abhilfe geschaffen werden kann. Wie das in Österreich möglich sein wird, weiß ich nicht. In Frankreich würde in solchem Falle die Bevölkerung auf Neuwahlen dringen, die zeigen müßten, ob das Volk mit den herrschenden Zuständen zufrieden ist oder sie ändern will!“

Damit trat Leo ab, um rasch in der Menge zu verschwinden. Der Versammlung hatte sich eine ungeheure Aufregung bemächtigt. Wie ein Funke in ein Dynamitfaß, so hatte das Wort „Neuwahlen“ in die Menschenmassen eingeschlagen, die riesige Halle erdröhnte von diesem aus dreißigtausend Kehlen geschrienen Wort, das sich auf die Straße fortpflanzte und zum Schlagwort der kommenden Zeit wurde.

Am folgenden Tage fand in der Redaktion der „Arbeiter-Zeitung“ eine Konferenz der Hauptredakteure und der Vertrauensmänner der Partei statt, in der zum erstenmal seit Jahren wieder beschlossen wurde, aktive, energische Politik zu machen und mit dieser Politik aus den geschlossenen Räumen auf die Straße zu gehen. Der Chefredakteur der „Arbeiter-Zeitung“, der ehemalige Federnschmücker Wunderlich, der nach bestem Gewissen das Erbe Viktor Adlers verwaltete, kam zu folgender Konklusion:

„Wir müssen das Schlagwort dieses merkwürdigen französischen Malers, der unmöglich Diefreß heißen kann, wie ihn der Trottel von

Vorsitzendem niedergeschrieben hat, aufgreifen. Von heute an werden wir in unseren Blättern, in unseren Versammlungen und Beratungen immer wieder Neuwahlen fordern. Und nun werden wir unsere Freunde in Frankreich, Holland, der Tschechoslowakei, in England und Amerika in Aktion setzen und sie veranlassen, alles zu tun, damit große Kronenbeträge auf den Markt geworfen werden. Fällt die Krone neuerdings empfindlich, steigt die Teuerung, die derzeit stagniert, wieder an, so ist die Lage reif für uns und wir werden, wenn es sein muß, die Auflösung der Nationalversammlung mit Gewalt erzwingen."

15. Kapitel
Herr Laberl dreht sich

In den nächsten Tagen ereignete sich noch etwas, was in den stramm-christlichsozialen Kreisen große Bestürzung erregte. Der Bürgermeister von Wien, nach Schwertfeger der mächtigste Mann im Reiche, Herr Karl Maria Laberl, fiel sozusagen um. Nicht aus eigenem Willen allerdings, sondern weil ihm sein Präsidialist Herr Kallop ein Bein stellte. Von diesem Herrn Kallop wußte man längst im Rathause, daß er eigentlich umgekehrt, das heißt Pollak, heißen müßte, weil dies der Name seines Großvaters war. Und als die Juden noch in Wien gewesen, erzählte man in ihren Kreisen, daß der alte Pollak ein aus Galizien eingewanderter Getreidehändler wäre, der eine Christin geheiratet habe und sich deshalb taufen ließ. Sein Sohn habe schon den Namen Kallop angenommen, war ein in christlichen Kreisen angesehener Advokat, der wieder eine Christin heiratete, so daß die Enkelkinder des alten Pollak nach dem Schwertfegerschen Gesetz als Vollarier anzusehen waren. Josef Kallop, der Sohn des Advokaten, taugte in seiner Jugend nichts, konnte seine juristischen Studien nicht beenden und wurde daher mit Erfolg Magistratsbeamter. An Schlauheit den meisten seiner Kollegen turmhoch überlegen, brachte er es bald zum Präsidialisten und seit geraumer Zeit war er die rechte Hand des Bürgermeisters Laberl.

Herr Kallop also war es, der den Bürgermeister zum Umfallen brachte. Er machte ihm klar, daß ein großer Umschwung bevorstehe.

„So geht es nicht weiter, Herr Laberl, das ist Ihnen doch ganz klar. Es wird demnächst Unruhen geben, ernste Unruhen sogar, und eines Tages wird die Regierung sozusagen flötengehen. Wenn Sie nicht mit flötengehen wollen, so müssen Sie sich beizeiten ein wenig umdrehen. Rücken Sie von Schwertfeger ab, geben Sie zu, daß man bei der Judenausweisung zu weit gegangen ist, und ganz Wien wird plötzlich inmitten des Rummels, der kommen muß und wird, sagen: Unser Bürgermeister, das ist ein Gescheiter, der lenkt ein und wird uns noch herausreißen."

Herr Karl Maria Laberl nickte, strich sich den schönen, weißen Bart, war von seinem überlegenen Verstand schon ganz durchdrungen, fragte aber einigermaßen ängstlich:

„Lieber Kallop, das ist ja ganz richtig, was Sie da sagen und entspricht dem, was ich mir schon längst gedacht habe. Aber wie soll ich denn das machen?"

„Sehr einfach, Herr Bürgermeister. Wir berufen eine Versammlung der christlichsozialen Bürgervereinigung des, na, sagen wir ersten Bezirkes ein, weil dort unter den Geschäftsleuten geradezu eine Panikstimmung herrscht. Und dann halten Sie eben eine Rede, die wir zusammen ausarbeiten werden."

Und so geschah es, nur daß das „Zusammenausarbeiten" darin bestand, daß Herr Laberl die Rede, die sein Präsidialist niederschrieb, auswendig lernen mußte. Als dann die Versammlung der Bürgervereinigung abgehalten wurde, begrüßte sie Herr Laberl sehr feierlich, sprach von dem Ernst der Zeiten, von den Zuständen, die man nicht mehr ertragen könne und sagte schließlich:

„Der Ruf nach Neuwahlen wird immer ungestümer und ich bin der letzte, der den Ruf nicht hören will. Im Gegenteil, ich persönlich bin dafür, daß man tut, was das Volk will und durch Neuwahlen feststellt, ob die Bevölkerung Österreichs auch jetzt noch gutheißt, was die Regierung vor mehr als zwei Jahren getan, oder ob sie eine radikale Änderung wünscht. Ich und wohl mit mir Sie alle, meine Herren, haben nur ein Ziel vor Augen: Den Wiederaufbau möglich zu machen, das unglückliche Volk aus dem Labyrinth, in das die Entente, aber vielleicht auch schwerwiegende eigene Irrtümer es gestoßen haben, wieder ans Licht des Tages zu führen. Keine Dogmatik, kein Fanatismus, keine persönliche Antipathie oder Sympathie darf uns leiten, meine Herren, sondern lediglich der Nützlichkeitsgedanke!"

Kallop sorgte dafür, daß die Rathauskorrespondenz noch in derselben Nacht die Rede des Bürgermeisters im Wortlaut den Zeitungen übermittelte, und am nächsten Tag wußte es sogar der dümmste Kerl von Wien, daß Karl Maria Laberl den Bundeskanzler im geeigneten Moment im Stich lassen werde.

Als Dr. Schwertfeger in den Morgenblättern die nur von der „Arbeiter-Zeitung" entsprechend kommentierte Rede des Bürgermeisters las, stieg ihm gallbitterer Speichel in den Mund und er spie aus. Dann warf er einen langen, verlorenen, glanzlosen Blick vom Fenster über den Volksgarten, den jetzt ein weißes Leichentuch bedeckte.

Herr Kallop aber rieb sich im Rathaus vergnügt die Hände. Und nachdem er sich vergewissert, daß weder ein Kollege noch ein Amtsdiener im Zimmer war, sagte er laut und vernehmlich: „Maseltoff!" und klopfte dreimal unter den Tisch. Wobei zu bemerken ist, daß Herr Kallop eine üppige, zwar schon zweimal geschiedene, aber dafür mit zahlreichen Millionen gesegnete Jüdin verehrte, die in Prag im Exil lebte. Und er wünschte nichts sehnlicher, als ihre und ihrer Millionen Rückkehr ins teure Vaterland, schon deshalb, weil er mit seinem Gehalt als Präsidialchef unmöglich die Teuerung länger aushalten konnte und außerdem falsch in polnischer Mark spekuliert hatte.

16. Kapitel
„Nieder mit der Regierung"

Der Fasching dieses Jahres konnte die Laune der Wiener nicht verbessern. Grimmige Kälte, viel Schnee, ungeheizte Zimmer, weil der Meterzentner Kohle hunderttausend Kronen kostete, eine Pleite nach der anderen, der Zusammenbruch eines großen Bankkonzerns, bei dem viele ihr Geld liegen hatten.

Die Bälle und Redouten standen vollständig unter dem Zeichen des Dirndlkostüms. Da der Toilettenluxus fehlte, machte man aus der Not eine Tugend, veranstaltete fast nur Bauernbälle, so daß Wien eher einem „Kirtag" glich als einer Großstadt.

Dazu kam, daß Wien vollständig aufgehört hatte, eine Theaterstadt zu sein. Die ersten Kräfte der Staatsoper gastierten unaufhörlich im Ausland, die Philharmoniker absolvierten eben eine Tournee in Südamerika, die Privattheater hatten sich in Provinzschmieren mit unzulänglicher Regie, minderen Kräften und veralteten Spielplänen verwandelt, von auswärts kamen längst keine Konzertgäste mehr, weil ihnen Wien die großen Gagen nicht zahlen konnte, Zeitungen waren neuerdings eingegangen, weil die Zahl der Leser immer mehr abnahm und plötzlich ertönte wieder der Alarmruf. „Die Krone fällt!"

An den ausländischen Börsen fanden enorme Kronenabgaben statt, so daß Zürich sie bald nur mehr auf ein Dreißigtausendstel Centime bewertete. Demgemäß stiegen alle Preise und die Bevölkerung begann in Verzweiflung zu geraten. Als das Kilogramm Fett eine Million Kronen kostete, erschien wieder das geheimnisvolle kleine Plakat des Bundes der wahrhaftigen Christen mit den Worten:

> „Wie lange noch, Wiener, werdet Ihr diese Regierung dulden? Wann endlich wollt Ihr die Nationalversammlung auseinandertreiben und Neuwahlen erzwingen?"

In den Morgenstunden des nächsten Tages kam es zu Plünderungen auf den Märkten, die erbitterten Hausfrauen stürmten die Stände, verprügelten die Marktfrauen und bemächtigten sich der Waren. In Favoriten nahm der Tumult einen revolutionären Charakter an, es mußte die Reichswehr aufgeboten werden, die sich aber weigerte, gegen die Frauen vorzugehen.

In der Nationalversammlung, die eben tagte, richteten nicht nur die Sozialdemokraten, sondern auch einzelne Christlichsoziale und Großdeutsche Interpellationen an die Regierung, in denen gefragt wurde, was man zu tun gedenke, um der verzweifelten Bevölkerung zu helfen. Die Sozialdemokraten stellten einen Dringlichkeitsantrag, die Regierung möge sofort Neuwahlen ausschreiben, damit das Volk selbst entscheiden könne, ob es bereit sei, die herrschenden Zustände noch länger zu dulden.

Totenbleich erhob sich der Bundeskanzler zu einer Entgegnung.

„In diesem Augenblick der allgemeinen Verwirrung Neuwahlen ausschreiben, hieße das Geschick des Landes den radikalen Elementen ausliefern und den Juden wieder Tor und Tür öffnen! Das stolzeste und größte Werk, das die österreichische Legislatur jemals geschaffen, würde zusammenbrechen, weil wir nicht genug Geduld und Aufopferungsfähigkeit haben, um auszuhalten und die gegenwärtigen Schwierigkeiten zu überwinden. Ich weiß, daß das internationale Judentum am Werke ist und sicher arbeiten Agitatoren, vom jüdischen Gelde bestochen, daran –“

Die weiteren Worte des Kanzlers gingen in dem ungeheuren Tumult verloren, der nun folgte. Die Sozialdemokraten klopften mit den Pultdeckeln, die Galerie tobte und schrie, sogar aus den Reihen der Gesinnungsgenossen kamen Zurufe, wie: „Haben Sie Beweise für Ihre Behauptungen?“

Um sechs Uhr abends wurde noch immer über den Dringlichkeitsantrag der Sozialdemokraten gesprochen, die ersichtlicherweise alles taten, um die Sitzung in die Länge zu ziehen. Jeder Redner sprach stundenlang; hatte der eine geendet, so meldete sich ein anderer zum Wort, die meisten Abgeordneten hörten längst nicht mehr zu, sondern stärkten sich am

Büfett, auch die Ministerbank war leer geworden, nur Schwertfeger saß mit verschränkten Armen starr und düster auf seinem Sitz.

Plötzlich kam neues Leben in das Haus. Das Gerücht verbreitete sich, daß Arbeitermassen in Anzug seien, gleich darauf hörte man aus weiter Ferne die Klänge des Arbeiterliedes, das Jauchzen und Toben erregter Menschenmassen, bis plötzlich ein einziger Ruf von ungeheurer Stärke durch die geschlossenen Fenster drang:

Nieder mit der Regierung! Fort mit der Nationalversammlung! Wir wollen Neuwahlen!

Und schon umzingelten dichte Menschenmassen mit ihren Fahnen und Standarten das Abgeordnetenhaus und immer neue Züge kamen an, die gesamte Arbeiterschaft Groß-Wiens, die Angestellten und Beamten waren von den Fabriken und Werkstätten, Bureaus und Ämtern in geschlossenen Gruppen anmarschiert.

Schon donnerten mächtige Schläge gegen die Tore des Hauses, die rasch geschlossen worden waren, schon prasselte ein Steinhagel gegen die Fenster, schon hatte sich eine Deputation der Arbeiter gewaltsam Einlaß verschafft. Ihr Führer, ein Eisenarbeiter namens Stürmer, ein gewaltiger Kerl mit klugen Augen und riesigem Schädel, stellte sich mitten unter die Abgeordneten, die, von Panik ergriffen, wie die Schafe beim Gewitter einen geschlossenen Haufen bildeten, und erklärte kurz und bündig:

„Das Militär hält zu uns, die Jungmannschaft unter den Polizisten ebenfalls! Entweder die Regierung löst innerhalb zehn Minuten das Haus auf und erklärt, daß sofort Neuwahlen ausgeschrieben werden, oder die Massen gehen mit Gewalt vor. Die Erbitterung der Leute kennt keine Grenzen, hinter den Arbeitern steht diesmal das Bürgertum, es handelt sich um keine politische Angelegenheit, sondern um Taten der Verzweiflung. Am wildesten sind die Frauen, hören sie nur, wie sie schreien, man möge das Parlament anzünden! Gibt die Regierung nicht nach, so können wir für nichts garantieren!“

Und es geschah, was geschehen mußte. Die Minister erklärten nach kurzer Beratung mit den christlichsozialen und großdeutschen

Parteiführern, sich dem Terror zu fügen, das Haus auflösen und Neuwahlen sofort ausschreiben zu wollen. Der Bundeskanzler bot gleich seine Demission an, aber seine Kollegen und die Parteigrößen beschworen ihn, sie in diesem kritischen Augenblick nicht zu verlassen und so willigte er denn ein, die Zügel der Regierung noch bis zu den Wahlen in seinen Händen zu behalten.

Als dem erregten Volke Mitteilung von der Auflösung der Nationalversammlung gemacht wurde, löste sich die Spannung in ungeheurem Jubel auf und in der kommenden Nacht wurden die Weinvorräte Wiens ganz erheblich gelichtet. Sogar der Franzose Henry Dufresne, der der denkwürdigen Sitzung auf der Galerie beigewohnt hatte, trank sich allein in seinem Atelier einen ordentlichen Rausch an. Am nächsten Morgen aber war er wieder frisch und munter, entwarf eine geniale Skizze, die das Titelbild des Warenhausromanes von Zola bilden sollte und schwenkte Lotte, die vormittags schneebedeckt mit kalten roten Backen zu ihm kam, in seinen Armen durch die Luft.

Lotte war in ausgelassener Laune wie er, denn ihr Papa hatte nach der Lektüre der Morgenblätter sehr ernst gesagt:

„Mein Kind, ich sehe schwere Konflikte für dich kommen! Wenn nicht alles trügt, so wird Leo Strakosch bald die Möglichkeit haben, nach Wien zurückzukehren und dann wirst du dich entscheiden müssen: Entweder er, den du so sehr geliebt hast und der mir ein willkommener Sohn wäre oder dieser mysteriöse Franzose, den wir noch immer nicht kennengelernt haben!"

Als Lotte darauf lächelnd erwidert hatte, sie würde am liebsten beide, Leo und den Franzosen nehmen, da war Hofrat Spineder ernstlich böse geworden und hatte sie für frivol und unmoralisch erklärt. Sie mußte ihre ganze Verführungskunst aufwenden, um ihn zu besänftigen.

Und nun saß sie auf dem Schoß ihres Geliebten und küßte Henry Dufresne und Leo Strakosch in einer Person mit Feuereifer ab.

17. Kapitel
Vorbereitungen

Leo, der fast nie Gelegenheit fand, mit irgend jemandem außer mit Lotte und seiner Aufwartefrau zu sprechen, hatte in der letzten Zeit zwei Bekanntschaften gemacht, die ihm wichtig dünkten. Die eine bestand in der Person des Nationalrates Wenzel Krötzl, die andere war der Inhaber des großen Modehauses in der Kärntnerstraße, Herr Habietnik.

Mt Krötzl war Leo auf folgende Weise bekannt geworden: Als er einmal spät nachts aus dem Kaffeehaus, in dem er die Zeitungen und Zeitschriften zu lesen pflegte, nach Hause gekommen war, fand er auf dem letzten Treppenabsatz einen stockbesoffenen Mann liegen, der jämmerlich weinte und sich vergeblich bemühte, aufzustehen. Leo half ihm in die Wohnung, die unterhalb seines Ateliers gelegen war und erfuhr bei dieser Gelegenheit, daß er den ehrsamen Nationalrat Wenzel Krötzl vor sich hatte, seines Zeichens im Nebenberuf Häuserschieber. Nicht nur, daß dies auf dem Türschild vermerkt stand, Herr Krötzl schrie auch, während er hin und her taumelte, immerzu:

„Wann aner sagt, daß i b'soffen bin, so is er a jüdischer Gauner! I bin a g'wählter Nationalrat, an Abgeurdneter und hab' fufzich Häuser zum Verkaufen, die was früher denen Saujuden g'hört ham!“

Leo hatte dann im Laufe der Zeit Gelegenheit, zu erfahren, daß Herr Krötzl nicht nur einer der wütendsten Antisemiten sei, sondern auch ein notorischer Trunkenbold, der sich gewöhnlich schon am Büfett des Parlaments seinen Frühstücksrausch kaufte. Nebenbei hatte er eine gewisse Beredsamkeit und genoß infolge seiner derben Ausdrucksweise viel Popularität unter seinen Wählern. Er war Witwer und beherbergte von Zeit zu Zeit eine angebliche Wirtschafterin bei sich, mitunter solche, die knapp das straffreie Alter von vierzehn Jahren besaßen.

Die Bekanntschaft des Herrn Habietnik hatte Leo auf wesentlich bürgerlichere Art gemacht. Leo pflegte seinen Bedarf an Krawatten und Wäschestücken in dem Modehaus zu decken, das trotz seiner „Verloderung“ noch immer die besten Waren führte, und bei solcher

Gelegenheit war er einmal mit Herrn Habietnik ins Gespräch gekommen. Herr Habietnik war entzückt, einen Franzosen von Distinktion zu bedienen, der sich tadellos trug und genau wußte, daß zu einem blauen Cheviotanzug eine perlengraue Seidenkrawatte am besten paßte, es kam zu einem angeregten Gespräch, im Verlaufe dessen Leo erkannte, wie sehr der intelligente Kaufmann unter den herrschenden Verhältnissen litt, und von da an trafen sich die beiden öfters in dem Laden, schließlich vereinbarten sie sogar hie und da eine Zusammenkunft im Graben-Café.

Nach der Auflösung der Nationalversammlung beeilte sich Leo, mit Herrn Habietnik wieder in Fühlung zu kommen, und im Laufe der Unterhaltung fragte er ihn um seine Meinung über die künftige Entwicklung.

Herr Habietnik schüttelte sorgenvoll das Haupt:

„Also die Sozis arbeiten wieder mit Volldampf und werden die Stimmen, die sie das letztemal verloren hatten, zurückgewinnen. Die Christlichsozialen und Großdeutschen haben den Kopf verloren, sind mit ihrem Programm noch nicht herausgekommen, aber schließlich wird jeder, der nicht Sozialdemokrat ist, doch für eine der beiden Parteien stimmen müssen."

„So daß also vielleicht gar das Judengesetz in Kraft bleiben wird?"

„Kann sein, wenn die Sozialisten nicht die Zweidrittelmehrheit, die zu jeder Verfassungsänderung notwendig ist, bekommen. Denn ich fürchte, daß die Christlichsozialen und Großdeutschen doch nicht den Mut haben werden, das Ausnahmsgesetz gegen die Juden aufzuheben. Das heißt, eigentlich müßte ich sagen, ich hoffe, denn wenn die Juden wiederkommen, so wird man mir am Ende gar das Geschäft wieder nehmen – –."

„Unsinn", erklärte Leo energisch. „Was Sie haben, kann man Ihnen nicht mehr nehmen! Vielleicht, daß man es Ihnen abkaufen oder daß der frühere Firmeninhaber sich mit Ihnen zu einer Teilhaberschaft bequemen würde. Die Hauptsache ist aber doch wohl, daß Sie die Jägerhütln und die

Lodenröcke wieder hinausschmeißen und ihre Auslagen so arrangieren können, wie sie einst waren.“

Begeisterung glomm in den Augen Habietniks auf und mit warmem, ehrlichem Ton erwiderte er:

„Jawohl! Das ist die Hauptsache! Wenn ich daran denke, daß hier wieder einmal Leben und Luxus herrschen könnte, wie einst – nein, das ist ein zu schöner Traum, um wahr zu sein.“

„Hören Sie, Herr Habietnik“, sagte Leo, indem er seine Hand auf den Arm des Kaufmannes legte, „Sie sind der Mann, um den Traum wahr zu machen! Noch trennen uns Wochen von den Neuwahlen. Das genügt, um eine bürgerliche Partei, bestehend aus den fortgeschrittenen Elementen, den angesehenen Kaufleuten, den Gelehrten, Rechtsanwälten, Künstlern und Fabrikanten zu bilden, mit der offenen und ungeschminkten Parole: Aufhebung des Ausnahmsgesetzes gegen die Juden! Nehmen Sie das heute noch in Angriff, bilden Sie ein zwölfgliedriges Komitee, in dem drei Kaufleute, drei Industrielle, drei Festangestellte und drei Leute mit freiem, akademischen Beruf sitzen, lassen Sie, da Sie noch keine Zeitung zur Verfügung haben, zehntausend Plakate drucken, gründen Sie dann Bezirkskomitees, betreiben Sie Propaganda von Straße zu Straße, von Haus zu Haus und der Erfolg kann nicht ausbleiben. Ich bin ein Fremder, kenne die Verhältnisse nicht so genau wie Sie, aber dafür bin ich objektiver und ich weiß ganz sicher, daß ein erheblicher Teil der Bevölkerung die neue Partei stürmisch begrüßen wird.“

Herr Habietnik war Feuer und Flamme. Am selben Abend noch trommelte er ein halbes Hundert Kaufleute aus der Inneren Stadt, Fabrikanten, Rechtsanwälte zusammen, und um ein Uhr morgens war das Komitee konstituiert, dem ein gemeinsam gezeichnetes Millionenkapital zur Verfügung stand.

Die neue Partei hieß „Partei der tätigen Bürger Österreichs“, stellte sich auf ein absolut bürgerlich-freisinniges Programm und begann mit einer lebhaften und temperamentvollen Agitation. Daß der Franzose Dufresne die Flugzettel und Aufrufe verfaßte, das wußte niemand als Herr Habietnik.

Der Erfolg übertraf die kühnsten Erwartungen. Früher war die Bevölkerung jedem Versuch, eine demokratische Bürgerpartei zu gründen, mit größtem Mißtrauen entgegengetreten, weil sich in solcher Partei immer wieder die Juden vordrängten. Diesmal war das eine rein christliche Angelegenheit, die Namen der Parteiführer bürgten dafür, daß es sich nicht um eine von auswärtigen Juden angezettelte Verschwörung handelte, und alle die Leute, die durch das Judengesetz geschädigt worden waren, drängten sich in die Komiteelokale, um Mitglieder der neuen Partei zu werden. In hellen Scharen kamen die Kaufleute, die Juweliere, die Stückmeister der großen Schneider, die brotlos gewordenen Chauffeure, sie brachten ihre Frauen mit, immer größer wurde der Ansturm, trotz des Zeter- und Mordiogeschreies der christlichsozialen Blätter. Die „Arbeiter-Zeitung“ verhielt sich zurückhaltend und durchaus nicht aggressiv. Man sagte sich dort, daß zweifellos die Partei der tätigen Bürger den Sozialdemokraten Tausende von Stimmen entziehen würden, andererseits aber dorthin alle jene Stimmen strömen würden, die sonst sich der Wahl enthielten oder doch wieder den Christlichsozialen oder Großdeutschen zuliefen. Also beschränkte sie sich darauf, hier und dort gegen das Programm der Bürgerlichen zu polemisieren, im geheimen aber wurden in zweifelhaften Bezirken sogar Vereinbarungen geschlossen.

Und der Tag der Wahlen, die auf den 3. April festgesetzt worden waren, rückte näher und näher, die ganze Welt begann sich für sie zu interessieren, die fremden Börsen nahmen eine abwartende Haltung ein und ließen die Krone auf ihrem Tiefstand ruhen, und Wiens bemächtigte sich zunehmende Aufregung, die wiederholt zu Exzessen und bösartigen Tumulten führte. Denn alle Parteien arbeiteten mit jedem verfügbaren Mittel: die antisemitischen schrien „Verrat!“ und erzählten Schauergeschichten von der Verschwörung des internationalen Judentums; die Sozialdemokraten hetzten gegen die Bauern, die die arbeitende Stadtbevölkerung ausplündern, und gegen die christliche Demagogie, die sich nur selbst durch die Ausweisung der Juden hatte bereichern wollen; die neue Bürgerpartei aber führte immer wieder auf riesengroßen Plakaten Ziffern auf, die bewiesen, wie furchtbar die Verelendung Wiens seit der Ausweisung der Juden, wie Wien tatsächlich zu einem Riesendorf geworden, wie jeder Schwung und Zug ins Große geschwunden. Und immer wieder versicherte sie in allen Variationen und Tonarten:

„Das Ausnahmsgesetz gegen die Juden muß aufgehoben werden, aber gleichzeitig wird es Sache einer klugen, gewissenhaften Regierung sein, alle jene Elemente, die nicht schon vor dem Weltkrieg in Wien seßhaft waren, fernzuhalten, es sei denn, sie können vor einem zuständigen, aus Bürgern und Arbeitern zusammengesetzten Gerichtshof nachweisen, daß sie willens und fähig sind, in Österreich nutzbringende, produktive, werterzeugende, dem Gesamtwohl notwendige Arbeit zu leisten."

Beim Bundeskanzler fanden täglich bis in die Nacht währende Sitzungen statt, in denen beraten wurde, wie man am besten der neuen Partei und dem wieder erstarkten Sozialismus entgegenarbeiten könnte, Schwertfeger hatte die richtige Empfindung gehabt. Es mußte ein neuer, mächtiger Geldkredit aufgebracht werden, die Krone mußte steigen, die Bevölkerung erfahren, daß das Christentum der ganzen Welt mit ihr solidarisch sei – dann werde die Regierung den Sieg erringen. Und der Finanzminister Professor Trumm hatte sich gleich nach der Auflösung des Hauses auf die Beine gemacht und war nach Berlin, Paris und London gefahren um zu betteln und zu beschwören. Vergebens! Die großen christlichen Vereinigungen im Ausland, die französischen Antisemiten, die holländischen Christen – sie alle hatten Worte des Mitempfindens und der Sympathie, erkundigten sich lebhaft nach dem Schicksal der vielen Millionen, die sie der guten Sache schon geopfert, und hielten die Taschen fest zu. Die größte Enttäuschung bildete das Verhalten des amerikanischen Billionärs Mister Huxtable, auf den man am sichersten gerechnet hatte. Er ließ alle Telegramme und Bittschriften unbeantwortet, und zehn Tage vor den Wahlen kam ein Kabeltelegramm des Vertrauensmannes der österreichischen Regierung in New York, das folgenden niederschmetternden Wortlaut hatte:

„Huxtable unnahbar. Hat sich heimlich mit einer jungen Jüdin aus Chicago vermählt. Beabsichtigt, den der österreichischen Regierung vor drei Jahren eingeräumten Kredit der jüdischen Großbank Kuhn und Loeb um ein Viertel zu verkaufen."

Schwertfeger begann in Düsterkeit zu erstarren, die antisemitischen Häuptlinge verloren vollends den Kopf, Bürgermeister Laberl aber tat etwas, was die ungeheuerste Sensation erregte. Drei Tage vor den Wahlen trat er aus dem christlichsozialen Bürgerklub aus und der Partei der tätigen Bürger bei. Und seinem Beispiel folgte mehr als die Hälfte der Gemeinderäte. An diesem Tage wehte ein warmer Wind die letzten Schneemassen von den Abhängen der Wiener Berge fort und oben im Atelier in der Billrothstraße hielten sich zwei junge Menschenkinder heiß und sehnsuchtsvoll umfangen. Und er flüsterte:

„Oh, wärst du schon mein!"

Und sie erwiderte traumverloren:

„Wenn du dir schon den Knebelbart abnehmen könntest; er kitzelt so arg!"

18. Kapitel
Die Neuwahlen

Die Wahlen vollzogen sich unter einer Beteiligung, wie sie kaum jemals auf der Welt erlebt worden. Greise, Kranke, Lahme kamen zu den Urnen, und nachmittags, als die Wahllokale geschlossen wurden, wußte man, daß in Wien 99 Prozent der Wahlberechtigten ihre Bürgerpflicht getan. Dann begann im ganzen Lande die Zählung der Stimmen, die bis in die frühen Morgenstunden währte, und vormittags verkündeten Extraausgaben der „Arbeiter-Zeitung" und der „Weltpresse" das staunenswerte Resultat.

Den Christlichsozialen und Großdeutschen waren nur die Landbewohner treu geblieben! Wien hatte fast ausschließlich die

Kandidaten der Sozialisten und der Bürgervereinigung gewählt, ebenso die kleinen Städte und das österreichische Industriegebiet. Und so setzte sich denn das neue Parlament folgendermaßen zusammen: siebzig Sozialdemokraten, sechsunddreißig Mitglieder der Vereinigung der tätigen Bürger, dreißig Christlichsoziale und vierundzwanzig Großdeutsche. Das ergab 106 Stimmen für die Aufhebung des Ausnahmsgesetzes gegen die Juden, vierundfünfzig für die Aufrechterhaltung. Und damit schien der schöne Traum Leos, der freisinnigen Bürger und Sozialdemokraten zerstört, denn es fehlte ihnen genau eine Stimme zur Zweidrittelmajorität, ohne die eine Änderung der Verfassung nicht vorgenommen werden konnte. Trotz ihrer vernichtenden Niederlage, trotz der Tatsache, daß die Regierung sofort demissionieren und einer sozialistisch-demokratischen weichen mußte, jubelten die Antisemiten, sie veranstalteten Kundgebungen unter der Parole „Die Juden bleiben draußen!“

Eine einzige Angst beherrschte die besiegten Sieger: Die Mehrheit hatte verkündet, daß sie schon in der zweiten Sitzung des neugewählten Hauses, die in acht Tagen stattzufinden hatte, den Dringlichkeitsantrag auf Aufhebung des Judengesetzes und Wiederherstellung der Freizügigkeit für jedermann stellen würde. Wie nun wenn ein Christlichsozialer oder großdeutscher Nationalrat der Sitzung fernbleiben würde? An ein beabsichtigtes Fernbleiben war nicht zu denken, aber schließlich konnte einer der Abgeordneten vom Lande krank werden oder einen Unfall erleiden und dieser eine werde den Gegnern die Zweidrittelmajorität sichern. Die unterlegenen Parteien ließen daher für sämtliche gewählte Nationalräte aus ihrem Lager am Tage vor dem Zusammentritt des Hauses Extrazüge mit je einem begleitenden Arzt bereitstellen. Auf diese Weise glaubten sie sich vor jedem verhängnisvollen Zwischenfall sicher. Für Wien selbst waren Vorsichtsmaßregeln nicht notwendig, denn in Wien war einzig und allein der Häuseragent Herr Wenzel Krötzl von den Weinbauern und -wirten des neunzehnten Bezirkes, denen es in dem judenreinen Wien sehr gut ging, gewählt worden. Seiner war man in jeder Beziehung sicher, und er erfreut sich einer vorzüglichen Gesundheit. Dieser Herr Krötzl bildete nun die einzige und letzte Hoffnung Leos, während Lotte unter der schweren Enttäuschung fast zusammenbrach. Sie weinte den ganzen Tag, kaum daß sie noch die Energie aufbrachte, täglich zu Leo zu eilen, der sich vergebens bemühte, ihr Mut und Hoffnung einzuflößen. Hofrat Spineder, der selbst durch den Fortbestand des Judengesetzes schwer gekränkt und enttäuscht wurde, kannte sich in seiner Tochter nicht mehr aus und begann ernstlich an ihrem Verstand zu zweifeln. Sorgenvoll besprach er ihr merkwürdiges Verhalten mit seiner Gattin.

„Was soll das alles heißen? Hat Leo vergessen, verbringt halbe Tage mit einem neuen Verlobten, diesem Franzosen, den ich zu hassen beginne, ohne ihn zu kennen, läßt sich von ihm beschenken, erklärt plötzlich, daß sie am liebsten beide, den Leo und den Dufresne, nehmen würde, und nun, da Leo nicht zurückkommen kann, sitzt sie da und weint sich die Augen aus dem Kopf Ich glaube, das Mädel ist übergeschnappt!"

Frau Spineder seufzte tief.

„Mein Lieber, ich kenne selbst mein Kind nicht mehr und habe keine Ahnung, was in seinem Herzen vorgeht. Jedenfalls müssen wir, wenn sich zeigt, daß das Judengesetz bestehen bleibt, darauf dringen, diesen Herrn Dufresne kennenzulernen."

Hofrat Spineder nickte.

„Jawohl! Und sollte sich Lotte abermals weigern oder die Sache hinauszuschieben versuchen, so schicken wir sie zu Tante Minna nach Klagenfurt!"

Leo überlegte Tag und Nacht und hatte schließlich einen festen Plan gefaßt, einen Plan, der entscheiden sollte, ob er weiterhin mit offenem Visier in Wien bleiben konnte oder zurück nach Paris mußte. Fiel das Gesetz nicht, so wurde seine Rückreise zwingende Notwendigkeit, da sein Freund Henry Dufresne, dessen Namen er führte, jetzt selbst aus Südfrankreich wieder nach Paris übersiedeln wollte und von da an die Gefahr einer Aufdeckung seines verwegenen Spieles vorlag.

19. Kapitel
Ein verhängnisvoller Rausch

Am Tage der Eröffnung der Nationalversammlung, also einen Tag vor der ersten entscheidenden Sitzung, besorgte Leo Strakosch, mit einem Handkoffer bewaffnet, allerlei Einkäufe. Bei Sacher kaufte er für einen phantastischen Preis, für den man einmal ein ganzes Ringstraßenhaus bekommen hätte, eine Straßburger Gänseleberpastete in der Terrine, im Hotel Imperial ließ er sich drei Flaschen eines köstlichen weißen Burgunders, drei Flaschen des schwersten und kostbarsten Bordeauxweines geben, außerdem eine Flasche uralten französischen Kognaks. Abends lauerte er dann vor dem Haustor dem Herrn Krötzl auf, der sich gerade nach der feierlichen Eröffnungssitzung des Hauses ins Wirtshaus begeben wollte, gratulierte ihm herzlich zu seiner Wiederwahl und sagte:

„Lieber Herr Nationalrat, ich möchte morgen auch der historischen Tagung des Hauses beiwohnen. Um elf ist der Beginn der Sitzung, also werde ich auf zehn Uhr mein Auto bestellen und Sie, wenn es Ihnen recht ist, mitnehmen."

Herr Krötzl fühlte sich durch die Liebenswürdigkeit des vornehmen und, wie es schien, sehr reichen jungen Franzosen höchst geschmeichelt, er nahm die Einladung dankend an und fügte hinzu:

„Bin Ihnen sogar sehr verbunden, wenn Sie um zehn Uhr zu mir kommen, weil i dann net riskier' zu verschlafen. Meine Wirtschafterin, das dumme Luder, vergißt am End' noch, mich zu wecken, und i hab an so an schweren Schlaf, daß i die Weckuhr net hör'. Dös wär aber a schöne Gschicht', wann i morgen verschlafen tät. Nachher hätten mir in vierundzwanzig Stunden die Saujuden, die verfluchten, wieder in Wien!"

Henry Dufresne nahm die übernommene Pflicht, Österreich vor den Juden zu schützen, sehr ernst, denn er läutete schon um halb zehn Uhr bei Herrn Krötzl an. Ein schlumpiges, zwar ungewaschenes, aber noch geschminktes junges Ding öffnete ihm und ließ den ihr wohlbekannten hübschen Franzosen, der eine mächtige Schachtel trug, ohneweiters ein,

ein wenig enttäuscht, daß er ihr und ihren reichlichen Blößen nicht die geringste Aufmerksamkeit schenkte, sondern sich damit begnügte, ihr eine Banknote zu geben und sie zu bitten, gleich die Morgenblätter aus der Trafik zu holen.

Leo packte im Vorzimmer umständlich die Schachtel aus, dann, als das Mädchen gegangen war, um seinen Auftrag auszuführen, begab er sich rasch in die Küche, rückte den Stundenzeiger der Kuckucksuhr um eine volle Stunde zurück, schlich sich auf den Zehenspitzen in das Wohnzimmer, bearbeitete dort die große Pendeluhr in gleicher Weise und öffnete schließlich, ohne anzuklopfen, leise die Tür zum Schlafzimmer des Herrn Nationalrates. Richtig lag dieser mit offenem Maul sägend und schnarchend in seinem Bett und auf dem Nachtkästchen erblickte Leo sofort die goldene Taschenuhr, die eben auf ein Viertel vor zehn wies. Blitzschnell war auch sie auf ein Viertel vor neun gestellt und dann machte sich der Franzose an die unerquickliche Arbeit, Herrn Krötzl, das Wiener Postament der christlichsozialen Partei, zu wecken. Es dauerte geraume Zeit, bevor Krötzl endlich die verquollenen Äuglein aufschlug und die Situation begriff.

„Jessas, der Herr Dufresne, is' schon so spät?“ Und dann, mit einem Blick auf die Taschenuhr, brummend: „Noch net amal Neun is'! Da hätt' i noch a ganze Stund' schlafen können!“

„Jawohl,“ sagte Leo lachend, „wenn ich nicht eine bessere Unterhaltung für Sie und mich wüßte. Stellen Sie sich nur vor, wie ich gestern nacht nach Hause komme, finde ich ein Postpaket aus Paris vor mit den besten Weinen, die Frankreich besitzt. Na, und weil ich mich wirklich über Ihren Sieg von ganzem Herzen freue, denke ich, daß wir, bevor wir ins Parlament fahren, noch eine kleine Siegesfeier unter uns veranstalten können. Sie sind ja Kenner, Herr Nationalrat, und werden sehr bald zugeben, einen solchen Wein, wie ich ihn Ihnen kredenze, im Leben noch nicht genossen zu haben.“

Wie elektrisiert sprang Herr Krötzl aus dem Bett, zog sich notdürftig an und streichelte dann bewundernd die eine der sechs Weinflaschen nach der anderen, die mit allen Zeichen des ehrwürdigen Alters vor ihm standen. Weißbrot war vorhanden, die Straßburger Pastete entlockte Herrn Krötzl ein rülpsendes Grunzen, das sich in einen Jubelhymnus verwandelte, als das erste Glas des goldgelben Burgunders durch seine Kehle rann.

„A so a Weinerl! Wann man den immer hätt', dann tät' man an anderer Mensch wer'n! Ka Wunder, wenn die Franzosen so an Schick zum Leben haben, wo's so an Wein bei ihnen gibt!"

Das zweite Glas wurde auf den Sieg des Herrn Krötzl geleert, das dritte auf „Nieder mit den Juden", das vierte auf „Hoch die schöne, judenreine Stadt Wien". Dann wurde einer Flasche des blutroten Bordeaux der Hals gebrochen, und als sie zur Neige ging und Leo die dritte Flasche entkorkte, trug ihm Krötzl die Bruderschaft an. Bei der vierten Flasche machte er den Franzosen mit den Geheimnissen seines Sexuallebens bekannt und erklärte, daß Frauenzimmer über vierzehn eigentlich alte Weiber seien. Die sechste Flasche wurde von Leo, ohne daß Krötzl, dem sich die Welt vor den Augen zu drehen begann, es merkte, zur Hälfte mit Kognak gemischt, und nun hieß es – Schluß machen, weil der Herr Nationalrat sonst überhaupt nicht mehr die Treppen hinuntergebracht hätte werden können und die richtiggehende Uhr auf zwölf ging, also die Gefahr bestand, daß jeden Augenblick die Parteigenossen Krötzls nach ihm fanden würden. Daß Leo bei solcher Zecherei selbst vollständig nüchtern geblieben war, verdankte er lediglich dem Umstand, daß er den Inhalt seines Glases regelmäßig unter den Tisch auf den schönen Perserteppich gegossen hatte.

Mit ungeheurer Anstrengung beendigte Leo die Toilettierung des Nationalrates, dann trug er ihn fast die vielen Treppen hinunter und beförderte ihn mit Hilfe des Chauffeurs in das Innere des geschlossenen Automobils. Grinsend hatte der Chauffeur dem Franzosen, den er oft zu führen pflegte, zugenickt. Leo stieg ein, setzte sich neben Krötzl, der schon als halbe Weinleiche in der Ecke lag, und in mäßigem Tempo ging es vorwärts.

Am Tage vorher hatte Leo mit dem Chauffeur eine wichtige Unterredung gehabt, die mit der Frage begann:

„Wollen Sie hundert französische Franks verdienen?“

Der Chauffeur hatte ungeheure Augen gemacht, war blutrot geworden und erwiderte keuchend:

„Herr, für hundert Franks führ' ich Sie auf den Mond!“

Aber der Franzose erwies sich als wesentlich bescheidener. Er erklärte, daß es sich um eine Wette handle und er nichts weiter zu tun habe, als vor dem Haus in der Billrothstraße zu warten, bis er, Monsieur Dufresne, mit einem voraussichtlich schwergeladenen Herrn einsteigen werde. Daraufhin habe das Auto stadtwärts bis zur Volksoper zu fahren, wo er aussteigen werde. Nunmehr müsse die Fahrt weiter bis zur großen Irrenanstalt am Steinhof, die weit außerhalb im Südwesten der Stadt liegt, gehen. Dort müsse der Chauffeur so lange stehen bleiben, bis sein betrunkener Gast sich melde. Und dann folgten weitere ausführliche Instruktionen für den intelligenten, lustigen Chauffeur.

Alles wickelte sich programmäßig ab. Bevor noch das Auto bei der Volksoper angelangt war, schlief Herr Krötzl, nachdem er sich heftig übergeben hatte, den Schlaf des gerechten Säufers und Leo konnte ungestört ausspringen. Während Leo nach dem Parlament eilte, setzte der Chauffeur die fast halbstündige Fahrt nach Steinhof fort, wo er auf offener Straße seelenruhig stehenblieb und eine der guten Zigaretten Leos nach der anderen rauchte. So wurde es schließlich nahezu zwei Uhr, als endlich Herr Krötzl mit schmerzendem Schädel erwachte. Minuten vergingen, bevor er die Situation begriff und sich endlich klar darüber war, daß er sich in total verunreinigtem Zustande allein in einem Automobil befand. Schließlich, nach weiteren Minuten, erkannte er sogar, daß er sich durchaus nicht vor dem Parlament, sondern in unmittelbarer Nähe der Irrenanstalt am Steinhof aufhielt. Er sah verwirrt auf seine Uhr. Da sie zurückgerichtet war, wies sie auf eins. Entsetzt riß Krötzl den Wagenschlag auf, schimpfend und tobend drang er auf den Chauffeur ein, der gleichmütig erklärte, er habe als Fahrtziel Steinhof verstanden und der andere Herr sei unterwegs ausgestiegen. Mit den Fäusten fuhr sich Krötzl in die Haare, er weinte, schrie, bekam fast einen Tobsuchtsanfall, nannte den Chauffeur einen Staatsverbrecher, sprach von einer furchtbaren Verschwörung und Rache und flehte schließlich den Wagenlenker, der auch grob zu werden begann, an, er möge mit Windeseile nach dem Parlament fahren. Tausend Meter etwa fuhr dann auch das Auto, dann blieb es weit und breit von jeder Behausung entfernt stehen, und achselzuckend erklärte der Chauffeur, daß etwas am Motor in Unordnung sei und er nicht weiter könne. Im Galopp rannte der nüchtern gewordene Krötzl die tausend Meter nach der Irrenanstalt zurück. Dort benahm er sich dem Pförtner gegenüber so aufgeregt, daß dieser ihn für einen entsprungenen Insassen hielt und Wärter herbeirief. Es verging eine weitere halbe Stunde, bevor Krötzl zu einem Fernsprecher geführt wurde, er bekam natürlich keine Verbindung mit dem Parlament, da dort alle Nummern besetzt waren, und als er endlich die Verbindung hatte und der Parteisekretär zur Stelle gebracht war, schrie ihm dieser in die Ohren, daß er ein besoffenes Schwein sei, ein von den Juden gekaufter Gauner und bereits alles vorbei wäre. „Das Judengesetz ist gefallen!“ Mit diesen Worten läutete er dem unglücklichen Nationalrat in die Ohren, der daraufhin in eine lange, wohltätige Ohnmacht fiel.

20. Kapitel
Das Judengesetz fällt

Als Leo das Parlamentsgebäude betrat, hatte der neugewählte Präsident eben die schon am Tage vorher an Stelle des zurückgetretenen Kabinetts gewählten Minister begrüßt und mitgeteilt, daß zwei Dringlichkeitsanträge eingebracht worden seien, dahingehend, den Paragraph II der Bundesverfassung, der den Juden und Judenabkömmlingen den Aufenthalt in Österreich untersagt, zu streichen.

Ein sozialdemokratischer Nationalrat erhob sich und stellte den Antrag, über die gestellten Dringlichkeitsanträge sofort zu verhandeln. Trotz des tosenden Lärmens der Christlichsozialen und Großdeutschen pflichtete die Mehrheit bei, worauf der Präsident dem Führer der Sozialdemokraten, Dr. Wolters, als erstem Proredner das Wort erteilte.

Wolters wies darauf hin, daß er und seine Parteikollegen schon vor fast drei Jahren gegen das Gesetz gewesen seien, das einen Faustschlag gegen die Menschenrechte, einen Rückfall in das finstere Mittelalter bedeutete. Damals sei die Opposition niedergeschrien, beschimpft und aus dem Saal gedrängt worden, heute aber habe das verführte und berauschte Volk sie in solcher Zahl zurückgeführt, daß nunmehr die Macht in ihren und den Händen anderer freisinniger Männer liege. Wolters entwickelte dann die Ereignisse der letzten Jahre, wies den furchtbaren Zusammenbruch Österreichs nach, führte schlagende Ziffern an und schloß mit den Worten:

„Das kühne, allzu kühne Werk des Mannes, der sich göttliche Macht anmaßte und nun nicht einmal mehr einen Sitz in diesem Hause bekommen konnte, ist zusammengebrochen, und draußen warten hunderttausend Arbeitslose und mit ihnen alle tätigen, zur Verzweiflung getriebenen Kräfte, daß das neue Haus einer neuen Zukunft die Tore öffne und unseren jüdischen Mitbürgern die Möglichkeit gebe, wieder an unserer Seite nicht gegen uns, sondern mit uns ihre Intelligenz, ihre Emsigkeit und schöpferische Arbeitskraft im Interesse des schwergeprüften und fast ruinierten Landes zu betätigen.“

Nachdem der Beifallssturm, an dem sich auch die Galerie beteiligte, verklungen war, ergriff der zweite Proredner, Herr Habietnik, der von den Geschäftsleuten der Inneren Stadt sein Mandat bekommen hatte, das Wort. In launiger, oft durch schallende Heiterkeit unterbrochener Rede schilderte er das verarmte, verdorfte Wien von heute, gab die Erfahrungen im eigenen Betriebe zum besten und sagte:

„Posemukel ist eine Großstadt im Vergleiche zu Wien von heute. Wien ist ein ungeheures Dorf mit anderthalb Millionen Einwohnern geworden, und wenn wir die Juden nicht wieder hereinlassen, so werden wir es demnächst erleben, daß statt vornehmer Geschäfte in der Kärntnerstraße Jahrmarktsbuden stehen und auf dem Stephansplatz Viehmärkte werden abgehalten werden. Die Wiener sind in ihrem Tiefinnersten in Verzweiflung über diese Rückentwicklung, die sie nicht aufhalten können und nicht zuletzt haben die Wiener Frauen und Mädchen, indem sie die christlichsoziale Partei im Stich ließen, gezeigt, daß sie wieder ein blühendes, lustiges Wien voll Luxus, auch wenn es mitunter einen orientalischen Anstrich hat, haben wollen.“

Die weiteren Ausführungen Habietniks gingen in einer seltsamen Unruhe verloren, die sich über das Haus verbreitete. Was war geschehen? Nun, man hatte endlich auf der rechten Seite des Hauses entdeckt, daß der Nationalrat Krötzl nicht anwesend war, und eine Katastrophenstimmung bemächtigte sich der Christlichsozialen und Großdeutschen. Sie hörten nicht einmal ihren eigenen Kontraredner an, die Diener wurden mit Automobilen ausgeschickt, um Krötzl aus seinem Bureau in der Inneren Stadt oder aus der Wohnung in der Billrothstraße zu holen.

Noch wäre vielleicht die Situation zu retten gewesen, wenn man die Geistesgegenwart gehabt hätte, den Kontraredner zu veranlassen, stundenlang bis zum Eintreffen Krötzls zu sprechen. Aber man hatte total den Kopf verloren, der christlichsoziale Redner, Herr Wurm, kürzte, als er die Unruhe bemerkte und seine Genossen verschwinden sah, seine Rede sogar ab, und schon war ein bürgerlicher Antrag auf Schluß der Debatte und Abkürzung der weiteren Redezeiten auf fünf Minuten mit der erforderlichen Zweidrittelmehrheit angenommen.

Vergebens schrien die überrumpelten Antisemiten Zeter und Mordio, der sozialistische Präsident waltete mit eiserner Energie seines Amtes, entzog jedem der wenigen schon vorgemerkten Redner nach fünf Minuten das Wort und unter enormer Spannung und allgemeiner Aufregung strömten die Abgeordneten wieder in den Saal, um bei der kommenden namentlichen Abstimmung anwesend zu sein.

Herr Krötzl war noch immer nicht da, die Diener konnten nur berichten, daß er in seinem Bureau überhaupt nicht gewesen und sein Wohnhaus in Begleitung eines anderen Herrn vormittags, ersichtlich angeheitert, verlassen habe.

Ein Großdeutscher machte den letzten Rettungsversuch. Er erbat und erhielt das Wort, um zur Geschäftsordnung zu sprechen und sagte:

„Der Nationalrat Herr Krötzl ist nicht anwesend und wir haben Anzeichen dafür, daß er mit Gewalt ferne gehalten wird, ja wir haben begründeten Anlaß zur Befürchtung, daß er das Opfer eines Verbrechens geworden ist. Unter solchen Umständen kann unmöglich über ein Gesetz abgestimmt werden, das über das Schicksal des Landes entscheiden wird. Wenn auf Seite der neuen Mehrheit dieses Hauses auch nur ein Funken Anstandsgefühl herrscht, so wird sie mit mir darin übereinstimmen, daß wir uns zunächst auf zwei Stunden vertagen. Bis dahin werden wir wohl Klarheit darüber haben, ob unser hochverehrter Kollege, Herr Nationalrat Krötzl, überhaupt noch unter den Lebenden weilt."

Totenstille entstand nach diesen Worten, die nicht zurückzuweisen waren.

Sollte Krötzl wirklich mit Gewalt verhindert worden sein, an der Sitzung teilzunehmen, so mußte man wohl oder übel warten.

In diesem höchst kritischen Augenblick schlich sich ein Herr mit Knebelbart unbeobachtet in den Sitzungssaal, winkte Herrn Habietnik zu sich heran und flüsterte vor Aufregung keuchend mit ihm, worauf sich Herr Habietnik zum Worte meldete.

„Ich kann dem Hohen Haus auf Ehr' und Gewissen versichern, daß Herr Krötzl nicht ermordet und auf keinerlei gewaltsame Weise verhindert wurde, dieser so überaus wichtigen Sitzung beizuwohnen. Herr Krötzl befindet sich irgendwo in einem Automobil, in dem er einen Kanonenrausch, von dem ihn der Chauffeur nicht erwecken kann, ausschläft. Der sehr ehrenwerte Herr Krötzl, diese einzige Wiener Zierde der christlichsozialen Partei, hat nämlich schon am frühen Morgen in Gesellschaft eines lustigen Kumpanen, seines Wohnungsnachbars, eine kleine Siegesfeier begangen und entschieden mehr getrunken als er verträgt. Sein Nachbar, der mir diese Mitteilung macht und den ich persönlich als zuverlässigen Ehrenmann kenne, fuhr dann mit Krötzl in einem Autotaxi hieher, mußte aber vorzeitig aussteigen, weil er den Gestank im Wagen nicht aushielt. Herr Krötzl gehört nämlich zu jener alten Garde, die sich lieber übergibt als stirbt. Wo sich in diesem Augenblick die springlebendige Leiche des Herrn Krötzl befindet, weiß ich nicht, aber das geht uns auch nichts an und man wird unmöglich verlangen, daß wir uns vertagen, bis Herr Krötzl nüchtern geworden ist."

Tosende Heiterkeit erfüllte das Haus und es wurde nunmehr nach der Anordnung des Präsidenten zur Abstimmung geschritten. Hundertundsechs Nationalräte stimmten für die Eliminierung des Ausnahmsgesetzes, dreiundfünfzig dagegen – das Gesetz war gefallen! Und die hunderttausend Menschen, die sich auf der Straße vor dem Parlament angesammelt hatten, riefen diesmal nicht „Heil!", sondern „Hurra!" Sie waren nicht so begeistert wie vor drei Jahren, sondern ein wenig beschämt, hatten aber wieder ihren Humor gefunden und schon begannen Witze in der Luft zu schwirren.

Leo hatte nur die Abstimmung abgewartet, dann stürzte er aus dem Parlamentsgebäude, warf sich in ein Autotaxi und fuhr nach der Linken Wienzeile zur „Arbeiter-Zeitung". Dort ließ er sich in dringender Angelegenheit beim Chefredakteur melden, mit dem er eine halbstündige Unterredung ohne Zeugen hatte. Als er sich verabschiedete, schüttelte ihm der Redakteur kräftig beide Hände und sagte lachend:

„Sie haben Außerordentliches geleistet und ich freue mich mit Ihnen von ganzem Herzen! Ihre Frechheit bewundere ich einfach! Man kann da wirklich nicht umhin, von –".

„Jüdischer Frechheit zu sprechen," ergänzte Leo vergnügt und eilte die Treppe hinab.

***

Kaum waren die Extra-Ausgaben der Zeitungen erschienen, die das Ende der Judenverbannung verkündeten, als auch schon eine zweite Extra-Ausgabe der „Arbeiter-Zeitung“ ausgerufen wurde:

Die Krone steigt!

Zürich. Auf der hiesigen Börse wurden die drahtlich und telephonisch einlangenden Nachrichten von der entscheidenden Sitzung der Wiener Nationalversammlung mit fieberhaftem Interesse verfolgt. Kaum war das Fallen des Antijudengesetzes zur Gewißheit geworden, als auch schon umfangreiche Kronenankäufe, darunter solche von amerikanischen und englischen Finanzgruppen, erfolgten. Die österreichische gestempelte Krone ging sprunghaft auf das Doppelte, zum Börsenschluß sogar auf das Dreifache hinauf.

Um sechs Uhr abends erschien eine dritte Extra-Ausgabe, die in ganz Wien Aufsehen und mit Galgenhumor gemischte Heiterkeit hervorrief. Die Nachricht lautete:

Ankunft des ersten Juden in Wien.

Wie wir mitteilen können, ist soeben der erste Jude aus dem Exil nach Wien zurückgekehrt. Es ist dies der junge, aber bereits weltberühmte Maler und Radierer Leo Strakosch, der die ganze Zeit von Heimweh erfüllt in Paris verbracht und sich vorgestern von dort an die österreichisch-mährische Grenze nach Lundenburg begeben hatte. Als er telephonisch von der Nichtigkeitserklärung des Ausweisungsgesetzes erfuhr, begab er sich sofort per Automobil nach seiner Vaterstadt Wien. Er hält sich derzeit im Hause seines zukünftigen Schwiegervaters, des Hofrates Spineder, in der Kobenzlgasse auf, wo er nach jahrelanger bitterer Trennung die in Treue und Liebe seiner harrende Braut umarmt.

Diese Extra-Ausgabe bildete einen wohlwollend-boshaften Scherz des Chefredakteurs der „Arbeiter-Zeitung“. Gleich nach ihr erschien aber eine Extra-Ausgabe der „Weltpresse“ mit zwei sensationellen Nachrichten. In der einen wurde angekündigt, daß sich der ehemalige Bundeskanzler Dr. Schwertfeger in Verzweiflung über das Scheitern seines so groß und ehrlich gedachten Werkes durch einen Revolverschuß entleibt habe.

Anknüpfend daran machte die „Weltpresse" die Mitteilung, daß sie, dem Willen der überwältigenden Mehrheit der Bevölkerung Wiens folgend, vom heutigen Tage an als das Organ der neuen Partei der tätigen Bürger erscheinen werde.

21. Kapitel
„Mein lieber Jude"

Leo war von der Redaktion der „Arbeiter-Zeitung" aus tatsächlich direkt nach Grinzing gefahren. Lotte, die ebenso wie ihre Eltern von dem Verlauf der Parlamentssitzung bereits unterrichtet war, erwartete ihren Bräutigam am offenen Fenster im Parterregeschoß. Und als das Auto vorgefahren war und Leo sie erblickte, erschien ihm der Weg durch den Hausflur zu weitläufig, mit einem Satz schwang er sich auf das Fensterbrett und schon hielten die beiden jungen Leute einander lachend und weinend umschlungen. Da Leo aber trotz seiner turnerischen Gewandtheit bei seinem abgekürzten Eintrittsverfahren eine Fensterscheibe eingeschlagen hatte, was ein hörbares Klirren und Schmettern verursachte, kamen der Hofrat und seine Gattin aus dem nebengelegenen Wohnzimmer bestürzt herbei und blieben angesichts ihrer Tochter, die von einem fremden, knebelbärtigen Herrn unaufhörlich abgeküßt wurde, überrascht stehen. Bis der Hofrat so energisch zu husten begann, daß Lotte es vernahm und sich blutrot aus den Armen des Geliebten befreite, um ihn ihren Eltern vorzustellen:

„Papa, Mama, dies ist mein Bräutigam, Henry Dufresne ...!"

„Recte Leo Strakosch", lautete die Ergänzung und Leo warf sich auch schon dem Hofrat und dann seiner zukünftigen Schwiegermutter in die Arme.

Nachdem sich die erste Freude und Verwirrung gelegt, tat Herr Spineder das, was ein Hofrat in solcher Situation zu tun hatte. Er sagte:

„Nun, Kinder, erzählt mir einmal alles ordentlich der Reihe nach."

Frau Spineder aber tat das, was jede andere ordentliche Hausfrau an ihrer Stelle getan hätte. Sie weinte, erklärte vor Aufregung nicht stehen und gehen zu können und lief nach der Küche, um für ein ordentliches Souper zu sorgen.

Die Unterhaltung zwischen dem Hofrat, Lotte und Leo spielte sich indessen im Badezimmer ab, wo Leo sich zuerst mit einer Papierschere den Knebelbart abschnitt, um sich dann zu rasieren und gleichzeitig zu erzählen. Und das war sehr gut so, denn gerade als er rasiert und wieder ein schöner, glatter junger Mann war, ereignete sich ganz Unerwartetes.

Ein Automobil mit Herrn Habietnik, einem sozialdemokratischen Nationalrat und einem bekehrten Gemeinderat fuhr vor und die Herren teilten Leo mit, daß er unbedingt mit ihnen zum Rathause fahren müsse, um sich der dort versammelten Menschenmenge zu zeigen und eine Ansprache des Bürgermeisters zu erdulden.

Sträuben nützte nichts, Leo mußte mit, aber Lotte, die die Garantie dafür übernahm, daß sie rechtzeitig zum Abendessen zurück sein würden, fuhr mit ihm.

Bis zum Schottentor verlief die Fahrt ganz glatt, dann stellte sich ein Hindernis ein. Die Menschenmassen standen hier so dicht aneinander gedrängt, daß das Auto nicht vorwärts kam. Worauf sich der Gemeinderat hinausbeugte und in bester Absicht, wenn auch mit wenig Zartgefühl den Leuten zuschrie:

„Laßt's uns durch! Der Herr Leo Strakosch, der erste Jud, der wieder in Wien ist, muß zum Rathaus!"

Diese Worte waren das Signal zu einem stürmischen Jubelschrei, und das Auto konnte zwar nicht durch, sondern mußte hier mit Lotte warten, aber Leo saß auch schon auf den Schultern zweier handfester Männer und wurde unter dem Jauchzen und Johlen und Hurra-Geschrei der Massen zum Rathaus getragen.

Das schöne Rathaus war wieder illuminiert, sah wieder wie eine brennende Fackel aus und mühsam nur konnten sich die Männer mit Leo auf den Schultern Bahn machen. Fanfarenklänge, Trompetentöne, der Bürgermeister von Wien, Herr Karl Maria Laberl, betrat den Balkon, streckte segnend seine Arme aus und hielt eine zündende Ansprache, die mit den Worten begann:

„Mein lieber Jude! – –“

Ende.